앙증맞고 소소한 공간, 여유롭고 평화로운 풍경

일본의
작은 마을

앙증맞고 소소한 공간, 여유롭고 평화로운 풍경

일본의
작은 마을

글·사진 **서순정**

살림Life

| 머리말 |

차 한 잔의 여유와 단출한 쉼이 있는
작은 세상을 만나다

나는 일본을 퍽 좋아한다. 첫 경험은 도쿄였고, 그 뒤로도 줄곧 도쿄만 고집했다. 매번 새로운 것들이 생겨나기에 지루하지 않은 도시, 도쿄는 항상 그리운 곳이었다. 그렇게 도쿄에만 빠져 있다 교토를 알게 되니 단박에 그 엄격하고 단정한 모습에 매료되었다. 도쿄가 일본의 전부인 양 도쿄밖에 몰랐던 내가 새로운 일본을 알게 된 것이다. 그렇게 시작된 일본 여행은 일본인도 잘 모르는 작은 마을을 찾아다니는 지경에 이르렀다.

나는 알아주는 길치다. '길'이나 '방향'에 관해서는 문외한이라 할 정도로 무지하고 무관심했다. 그런 주제에 지도를 펼쳐들고 다니는 것을 싫어해서, 도쿄 지리를 파악하기까지 수많은 길을 돌고 돌았다. 덕분에 지도에서도 주목받지 못하고 남들은 잘 다니지 않는 길도 많이 알게 되었지만. 그러나 눈앞에 펼쳐진 공간이 전부인 작은 마을에서는 조금 모자란 듯 허술한 나의 방향감각으로도 충분히 똑똑한 여행을 할 수 있으니, 나는 작은 마을 여행에 적합한 것 같다.

나는 부지런을 떠는 스타일이 아니다. "귀찮아! 안 되면 내일 하지"를 입에 달고 산다. 빡빡하게 꽉 찬 하루는 숨이 차다. 여유로운 시간이 필요한 성격이기에 작은 마을 여행이 체질적으로 맞다. 할 수 있는 것이 많지 않고, 해야 할 일도 별로 없는 조용한 마을에서는 이리저리 마음 가는 대로 발걸음 닿는 대로 여유를 부릴 수 있고, 언제든지 쉬어갈 수 있다. 작은 마을은 그야말로 내가 꿈꾸던 세상이다.

나는 눈에 띄는 요란함보다는 아무것도 없는 것을 더 좋아한다. 이러한 취향은 일본의 작은 마을에 딱 어울리는 조합이다. 아무것도 없어서 더 근사한 일본의 작은 마을과 그 단출함을 좋아하는 나, 그리고 비움(空)의 미를 추구하는 와비(侘)의 정신은 서로 통한다. 작은 마을의 구석구석을 느리게 돌아다니는 것은 한 잔의 차를 천천히 마시는 것처럼 느껴지기도 한다. 여행을 꿈꾸는 것은 여행이 주는 즐거움 가운데에서도 특별히 돋보이는 것이다.

이 책에 소개된 소소한 이야기들을 보며 무작정 여행을 결심하거나, 당장 떠나지는 못하더라도 여행을 꿈꾸게 되는 사람이 생기면 좋겠다. 책에 담지 못한 이야기들마저도 여행을 꿈꾸는 마음으로 교감할 수 있다면 좋겠다.

나는 여행을 할 때면 다시 찾고 싶은 구실을 꼭 남기는 버릇이 있다. 뭐라도 하나 남겨두고 떠나면 언젠가는 꼭 다시 찾게 될 것 같기도 해서 시작된 버릇이다. 책에 풀어내지 못한 이야기들은 그런 버릇 때문이기도 하고, 유독 호흡이 긴 나의 글쓰기 습관 탓이기도 하다. 담지 못한 이야기들은 나만의 공간에서 이어가며, 나 역시 끝나지 않은 여행을 꿈꿀 작정이다.

2009년 11월
서순정

CONTENTS

#01
주부(中部, Chubu)의 작은 마을

물이 있어 아름다운 마을 _ 구조하치만(郡上八幡) … 012
눈부신 벚꽃 터널, 아기자기 동화 같은 마을 _ 이즈코겐(伊豆 高原) … 018
조용한 바닷가 온천 마을 _ 이즈 아타가와(伊豆 熱川) … 024
세상과 단절된 갓쇼즈쿠리 촌락 _ 고카야마(五箇山)와 시라카와고(白川鄕) … 030
교토와 에도를 잇는 기소 계곡의 한적한 우편 마을 _ 쓰마고(妻籠)와 마고메(馬籠) … 042
산등성이에 소복하게 자리 잡은 차밭 _ 시즈오카(靜岡) … 056
아기자기한 도자기 산책길 _ 도코나메(常滑) … 068
추억을 더듬는 산책 _ 마쓰자키(松崎) … 078
《슬램덩크》의 배경이 된 마을 _ 가마쿠라(鎌倉) … 084

#02
간사이(關西, Kansai)의 작은 마을

하늘로 올라가는 다리 _ 아마노하시다테(天橋立) … 096
물 위에 떠 있는 집들을 따라 산책하는 바닷가 작은 마을 _ 이네(伊根) … 104
깊은 산속 사찰 마을 _ 코야산(高野山) … 112
삼나무 향 가득한 마을 _ 키부네(貴船)와 쿠라마(鞍馬) … 120
대나무와 이끼, 그리고 유도후 _ 아라시야마(嵐山) … 128
간사이 사람들만 몰래 찾는 비밀의 온천 마을 _ 키노사키 온센(城崎溫泉) … 136

#03
주고쿠(中国, chugoku)의 작은 마을

신지코 하나로도 충분한 마을 _ 마쓰에(松江) ··· 148
소박한 어촌 풍경을 간직한 고양이의 섬 _ 마나베시마(眞鍋島) ··· 156
자연과 조화를 이룬 신비로운 신의 섬 _ 미야지마(宮島) ··· 166
단정하고 세련된 옛 성곽 도시에 넘치는 예술적 감성 _ 쓰와노(津和野) ··· 174
하얀 회벽이 눈부신 창고 마을 _ 쿠라시키(倉敷) ··· 182
건축과 예술, 그리고 환경의 공생 _ 이누지마(犬島) ··· 188
빛과 하늘, 자연과 여행자가 하나 되는 거대한 갤러리 섬 _ 나오시마(直島) ··· 196

#04
홋카이도(北海道, Hokkaido)의 작은 마을

열아홉 개의 언덕을 가진 마을 _ 하코다테(函館) ··· 212
백조와 함께하는 로텐부로 _ 굿샤로코(屈斜路湖) ··· 222
숨이 막힐 것 같은 라벤더 꽃길 _ 후라노(富良野) ··· 230
가슴이 탁 트이는 초원, 옥빛 가득한 한가로운 마을 _ 비에이(美瑛) ··· 240

#05
오키나와(沖繩, Okinawa)의 작은 마을

산속의 못 말리는 리조트 마을 _ 비치 로쿠 빌리지(Beach Rock Village) ⋯ 254
오키나와 도자기의 진가를 볼 수 있는 마을 _ 요미탄(讀谷) 야치문노사토(やちむん里) ⋯ 264
조용하게 전통을 이어가는 소박한 섬마을 _ 쿠다카지마(久高島) ⋯ 272
고래와 바다거북, 그리고 다이버의 천국 _ 자마미지마(座間味島)와 아카지마(阿嘉島) ⋯ 280
깨끗한 바다에서 불어오는 깨끗한 바람이 가득한 섬 _ 세소코지마(瀨底島) ⋯ 288

#01

주부(中部, Chubu)의 작은 마을

역사와 자연이 살아 숨 쉬는 주부

세계문화유산으로 지정된 작은 마을 고카야마를 지나 에도와 교토를 잇는 우편 수송로 마을 쓰마고를 간다. 유구한 역사를 지닌 마을 산책은 도자기 마을 도코나메로 이어진다. 수백 년 전통이 살아 숨 쉬는 지역을 뒤로하고, '물의 마을' 구조하치만을 지나 이즈 반도로 향한다. 일본 제1의 차 생산지 시즈오카, 눈부신 벚꽃 터널이 아름다운 마을 시즈코겐, 하수구에서조차 증기가 솟아오르는 조그만 온천 마을 이즈 아타가와, 드라마 〈세상의 중심에서 사랑을 외치다〉의 배경 마을 마쓰자키는 일본의 자연을 느끼기에 부족함이 없다.

일본의 작은 마을_

물이 있어 아름다운 마을
구조하치만 郡上八幡

구조하치만은 '미즈노마치(水の町, 물의 마을)'라 불리는 고풍스럽고 다정한 마을이다. 이름에서 느껴지듯 이 마을은 동서로 뻗어 있는 요시다가와(吉田川)와 그 강의 지류인 북쪽으로 흘러가는 코다라가와(馱良川)에 둘러싸여 호젓한 분위기가 강하다. 게다가 마을을 휘감고 있는 이 물의 원천이 조그만 우물인 소기스이(宗祇水)에서 끊임없이 솟아나고 있는 깨끗한 샘물이라니 놀라울 따름이다.

유난히 스산한 가을날 몸살에 시달리는 몸을 이끌고 찾아간 구조하치만의 작은 골목들 사이사이에 무수한 미련을 남기고 돌아온 이후, 구조하치만을 다시 찾을 날을 내내 기다리는 중이다.

location & approach 구조하치만은 고속버스를 타고 가는 것이 가장 편리하다. 기차를 이용할 때는 미노오타(美濃太田) 역에서 갈아탄 후 구조하치만 역까지 갈 수 있다(1시간 30분 소요)

local traffic 마을 구석구석을 누비는 미니버스(100엔)가 양방향으로 순환하고 있어 편리하고 재미있다.

key word 물의 도시, 소바, 하치만조(八幡城), 구조오도리(郡上踊り) 마쓰리(축제)

taste 강에 둘러싸인 다정한 마을의 작은 골목들을 누비고 싶은 그대들

the others 해마다 여름이면 30일에 걸쳐 진행되는 구조오도리 마쓰리는 전통 민요에 맞춰 주민과 관광객 모두가 하나의 원을 이루며 춤을 추는 축제다. 수만 명이 몰려 8월 13일부터 4일간 밤새도록 춤을 추는 것으로 유명하다.

lodges information 기후나 타카야마 등에서 접근성이 좋은 작은 마을이지만 하룻밤 묵어가고 싶은 곳이다. 숙박 정보는 gujo.com/yado

나지막한 담과 화단이 이어지는 좁은 수로

구조하치만은 오래전부터 가보고 싶은 여행지로 점찍어둔 곳이다. 구조하치만의 작은 역으로 들어가는 기차를 타고 싶었지만, 의지가 몸살 기운을 이기지 못해 기차보다 편리한 버스를 탔다.

평일인 데다 꽤 이른 시간이라 그런지 마을은 썰렁했다. 물의 마을이라 불릴 정도이니 이 마을의 중심에는 당연히 강(요시다가와)이 흐른다. 지도를 보니 재미있게도 구조오하시(郡上大橋)와 하치만오하시(八幡大橋)라 부르는 두 다리 사이에 구조하치만이라는 마을이 들어앉은 꼴이다.

그 두 다리 사이에 3개의 다리가 더 놓여 있고, 요시다가와의 지류로 북쪽으로 흘러가는 좁은 강인 코다라가와에도 3개의 다리가 놓여 있다. 지도만 들여다봐도 흥미로운 마을이다. 관광안내소 앞 벤치에 앉아 지도만 한참을 들여다보다가 바로 앞에 있는 이카와 코미치(いかわこみち)로 내려가본다. '코미치(좁은 길)'라는 이름이 절로 나오는 좁은 골목에는 검은색 잉어가 몰려다니는 수로가 있다. 나지막한 담과 화단이 이어지는 골목은 예쁜 곡선을 그리며 돌아나가고 있다. 길을 따라가다 누군가를 만나면 몸의 방향을 바꿔 비켜서야 할 정도로 좁은 길이 꽤 길게 이어진다.

가보지 못한 이 길의 끝, 이카와코미치

구조하치만 물의 원천인
조그만 우물 소기스이

구조하치만을 흐르는 물의 원천, 소기스이

이카와코미치를 벗어나 요시다가와를 따라 걷다 다리를 하나 건너 물의 마을에서도 유명하다는 우물인 소기스이를 찾아간다. 이카와코미치의 끝을 보지 못한 채, 그리고 요시다가와를 따라 이어지는 오솔길도 제대로 걸어보지도 못한 채 도착한 소기스이는 생각보다 아담한 규모였다. 이 작은 샘에서 솟아나는 샘물이 구조하치만을 감싸는 물의 원천이 된다니 놀라웠고 구조하치만에 흐르는 물이 새롭게 보였다. 유난히 맑다고 느껴졌던 데는 다 이유가 있었던 게다.

강의 양옆에 깎아지르듯 세워진 집들은 위태로워 보이고, 어수선하기까지 했다. 그런데도 그것이 가장 기억에 남는 구조하치만의 모습이다. 잘 정비되지도 않은 허름한 배경에 흐르는 물은 풍성하지 않지만, 그 깨끗하고 말간 물빛은 감동이다.

위태로워 보였지만 기억에 강하게 남았던 강 옆의 집들

구조하치만에 남겨둔 미련

시계는 이른 아침을 지나 오후를 향해 가는데도 햇살 한 줄기도 받지 못하고 있다. 꿈에도 그리던 마을을 하필 이런 상황에 찾게 되다니 너무 가혹하지 않나 싶지만, 악조건 속에서 남겨둔 미련들 때문에 여행에서 돌아온 후에도 더욱 애틋하게 기억되는 곳이 되기도 했다.

하치만조(八幡城)에 올라 마을을 내려다보는 것은 일찌감치 포기하고, 성 아래에 모여 있는 오래된 집들이 연출하는 운치 있는 거리를 걸어보기로 했다. 오후가 되니 관광객이 많아졌는지, 마을에는 사람이 제법 많다. 맛있기로 유명한 소바를 먹고 기후로 출발하려 했는데, 식당이고 기념품 가게고 할 것 없이 꽉 차 있다.

결국 무수한 미련을 남겨두고 구조하치만을 떠난다. 어느 따뜻한 날 구조하치만을 다시 찾을 때는 미노오타에서 완행열차를 타고 구조하치만의 작은 역에 도착해, 작지만 정감 가는 민슈쿠를 잡아 하룻밤 묵으며 이카와코미치의 끝을 볼 것이고, 풍성한 강물을 바라보며 요시다가와 산책로를 따라 걷다가 마을 안으로 들어와 고풍스런 집들이 만들어낸 소담스런 풍경도 찬찬히 둘러보고, 느긋하게 소바 한 그릇을 먹어 배를 든든히 채운 다음엔 산책로를 따라 하치만조에 오를 것이다. 그리고 크고 작은 강줄기에 둘러싸인 구조하치만을 실컷 내려다볼 것이다. 그러고 말 것이다.

눈부신 벚꽃 터널, 아기자기 동화 같은 마을
이즈코겐 伊豆 高原

아담한 고원에 자리 잡은 예술가 마을 이즈코겐은 동화 같은 마을이다. '아오이카제(靑い風)'라는 예쁜 이름을 가진 파란색 지붕의 호스텔 다락방에서 내려다보이는 마을의 정겨운 길과 그 창을 통해 들어오던 아침 햇살과 새소리에 잠을 깨ود 그림책 속에 들어와 있는 듯하다. 마을을 구성하고 있는 것들은 하나같이 이 마을에 딱 어울린다. 눈부신 벚꽃 터널을 걸어 맘에 드는 갤러리를 찾아다니다 보면 어디선가 어릴 적 갖고 놀던 인형들이 툭툭 튀어나올 것만 같다.

location & approach 도쿄에서 이즈 반도로 가는 오도리코를 타면 2시간 정도 소요(편도 5,500엔대, JR패스 이용 가능)
local traffic 관광안내소에 마을버스 노선과 시간표 비치. 역을 나오면 바로 정류소가 있으며, 렌터카 회사도 바로 앞에 있다.
key word 벚꽃 터널, 갤러리, 동화 같은 마을
taste 인형이 살 것만 같은 예쁜 마을의 예쁜 집에서 하룻밤 묵으며 갤러리도 돌아보고 싶은 그대들
the others 벚꽃이 절정에 이르는 3월 말에서 4월 초가 적기. 늦가을에 만난 이즈코겐은 다소 황량하고 스산하다. 테디베어 박물관(☎ 0557-54-5001) 개장시간은 오전 9시 30분부터 오후 5시까지며, 2·3·12월 둘째 주 화요일과 6월 둘째 주 화·수요일이 휴무다. 고양이 박물관(☎ 0557-51-5133) 개장시간은 오전 9시부터 오후 5시까지며, 연중무휴다.
lodges information 유스호스텔 아오이카제 : www.izu.co.jp/~aoikaze, 사전 예약 권장

흐드러진 벚꽃 터널 사이로

꽃이 피는 봄날이 아름답지 않은 곳이 있을까 싶지만 이즈코겐의 봄은 특별히 눈이 부시다. 벚꽃이 절정에 이른 봄날 아침, 기분 좋게 숙소를 나서 벚꽃 터널을 거닐어봐야 이즈코겐의 분위기를 제대로 느낄 수 있다. 가방이 무겁지 않다면 숙소에서 역까지 쉬엄쉬엄 걸어가는 것이 좋다. 다들 그리하는 모양인지 이른 아침인데도 벚꽃 터널은 꽤 북적인다. 벚꽃 하나미는 이즈코겐을 얘기할 때 빼놓을 수 없는 것이다. 어느 순간 번져 극적으로 만개한 벚꽃 아래에 모인 사람들의 미소는 꽃보다 아름답고 화사하다. 벚꽃 나무가 그 많은 봉오리들을 한꺼번에 피워내려 1년을 기다리듯, 사람들도 그 미소

일본의 작은 마을_

이름처럼 청명한 호스텔 아오이카제(靑い風)의
파란 지붕과 내가 묵은 다락방의 창

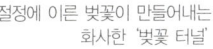

절정에 이른 벚꽃이 만들어내는
화사한 '벚꽃 터널'

한 번 지으려 그토록 애타게 1년을 기다린다.
희열과 떨림이 가득한 절정의 순간은 기다림에 비해 턱없이 짧지만 나무도 사람들도 불평하지 않는다. 해를 거듭할수록 짧아지는 봄, 그 봄을 화려하게 여는 찰나와도 같은 벚꽃 터널에 서서 기다림의 가치에 대해 생각하며 고개를 드니 하늘이 보인다. 꽃에 가려지고 밀려나 보지 못했던 하늘을 올려다보며 찰나의 틈새를 누리고 보니 맘이 한결 풍성해진다.

테디베어 갤러리

이즈코겐이 예술가의 마을이라 불리는 이유는 다양한 갤러리와 박물관들이 밀집해있는 곳이기 때문이다. 그 수가 너무 많기 때문에 역의 안내소에 비치되어있는 정보들을 통해 관심 있는 갤러리를 추려야 한다. 시간도 시간이거니와 입장료도 만만한 수준은 아니니 각자의 사정에 맞도록 동선을 짜두는 것이 좋다. 운이 좋으면 꽤 괜찮은 특별전도 만날 수 있다. 이른 아침 갤러리 산책을 위해 마을의 언덕길로 나선다. 봄날의 햇살을 받아 반짝이는 거리에 서 있기만 해도 좋다.

테디베어 갤러리는 이즈코겐의 여러 갤러리 중에서 가장 대중적인 인기를 누리는 곳이 아닌가 싶다. 내가 간 날은 특별히 '이웃집 토토로' 특별전이 열리고 있어 반가웠다. 토토로가 입구를 지키고 있는 기치조지(吉祥寺)의 지브리 뮤지엄에서는 토토로 식구들이 모두 모여 있다. 테디베어 갤러리에 전시된 만큼 모두들 봉제 인형이다. 이즈코겐에는 유독 인형을 전시하고 있는 갤러리가 많다. 진짜 인형들이 살고 있을 것만 같은 마을, 이즈코겐에 잘 어울리는 갤러리다.

조용한 바닷가 온천 마을
이즈 아타가와 伊豆 熱川

이즈 아타가와, 이름에서부터 온천 냄새를 풍기는 이 마을은 그럴듯한 호텔들이 곳곳에 들어서 있지만 소박한 바닷가 마을의 일상을 간직하고 있다. 유카타를 입고 메구리(ぬぐり, 순례)를 즐기는 풍경이 없어도, 하수구에서마저도 후끈한 온천의 증기가 솟아오르는 마을이다. 따뜻한 온기가 느껴지는 바닷가 온천 마을에서 바다를 바라보며 온천욕까지 할 수 있으니 아타가와에 가야 하는 이유는 차고도 넘친다.

일본의 작은 마을_

location & approach 도쿄에서 신칸센, 오도리코, 토카이도센으로 이토까지 이동한 후, JR이토센, 이즈큐코센으로 아타가와 역으로 이동하면 된다. 엄밀히 말하면 호시노 호텔 주변은 아타가와가 아니라 키타가와(北川)다. 아타가와와 키타가와는 거의 붙어 있는 곳으로 볼 수 있으며, 키타가와에는 JR이 서지 않기 때문에, 이 지역을 아타가와라고 생각해도 무방하다.

local traffic 호텔을 미리 예약한다면 어느 호텔에 묵더라도 아타가와 역에서부터 호텔의 픽업 서비스를 받을 수 있다.

key word 온천 마을, 바닷가 작은 마을

taste 바다를 바라보며 로텐부로(노천탕)를 즐기고 싶은 그대들

the others 아타가와 역 주변의 산책 코스를 따라 온천들을 돌아보는 것도 좋다.

lodges information 호시노 호텔 : www.hoshinohotel.co.jp, 아타가와 온천 호텔 : www.atagawa.net/main_stay.html

마을 곳곳에 솟아오르는 증기 기둥

역에서부터 느껴지는
온천 마을의 내공

이즈 아타미(熱海)나 아타가와(熱川)라는 지명에는 모두 '熱'자가 들어 있어 이름에서부터 온천 마을 냄새가 난다. 아니나 다를까 아타가와 역에 도착해 계단을 내려가 마을 어귀에 들어서면 여기저기에서 솟아오르는 증기 기둥이 보인다. 콩콩거리면 목욕탕 냄새가 날 것만 같아 나도 모르게 후각을 곤두세웠더니 찝찔한 건어물 냄새가 난다. 역 바로 앞 건어물 가게에서 나는 냄새다. 파급력이 강한 그 냄새에 절어 있는 동안 호텔의 픽업 차량이 도착했다. 증기 기둥이 솟아나는 하수구가 보이는 길을 지나 터널도 지나고, 바다를 낀 좁은 도로를 신나게 달린다.

바다가 보이는 노천탕

언덕 위에 자리 잡은 호텔로 올라가는 오르막길도 거침없이 오르니 가방을 받아줄 직원이 나와 있고, 체크인을 하고 찾아간 방에는 내 이름이 붙어있다. 아담하고 낡은 호텔이지만 세심한 배려가 정겹다. 아타가와를 닮은, 아타가와에 어울리는 호텔이다.

가방을 내려놓고 아타가와 온천 여행의 하이라이트라 할 수 있는 로텐부로(露天風呂, 노천탕)를 둘러보러 간다. 조금씩 다르게 디자인된 여러 개의 로텐부로 가운데 맘에 드는 곳을 정하고 안으로 들어가면 안에서 문을 잠글 수 있도록 되어 있다. 문을 열면 바다를 향해 뻥 뚫린 전망과 무한한 공기를 누리면서 입욕을 할 수 있다.

이즈의 무희

《이즈노오도리코(伊豆の踊り子_이즈의 무희)》는 1926년에 발표된 야스나리의 초기 소설로, 이 소설의 이름을 딴 기차는 이즈로 가는 여러 기차들 가운데 가장 낭만적이다. 오도리코의 창은 크고 넓다. 이즈에 갈 때는 항상 동경역의 맛있는 오니기리와 에키벤을 사들고 오도리코를 탄다. 한바탕 전쟁이라도 치르듯 먹는 활동에 전념하고 나니 졸음이 밀려올 법도 하지만, 오도리코의 창은 노곤한 졸음보다도 달콤한 풍경을 보여준다. 오도리코는 그 시작부터 끝까지 낭만을 두르고 춤을 추는 무희의 움직임을 닮아 있다.

온천을 품은 소박한 바닷가 마을

호텔을 나와 걸어서 둘러볼 수 있는 마을은 무척 좁다. 온천 지역의 호텔이나 료칸에서는 대부분 숙박에 2식을 포함하고 있기 때문에 간단히 요기를 할 만한 식당도 마땅치 않지만, 그 덕분에 평온한 바닷가 마을의 모습을 유지하는 게다. 이즈로 오는 기차, 오도리코의 창에 스쳐 지나는 마을을 보며 상상했던 소박하고 정겨운 마을의 풍경이 아타가와의 이 작은 마을에 고스란히 담겨 있다.

아담하게 휘어들어간 해안선 방파제에는 낚시를 하는 사람들이 더러 보이고, 고깃배를 세워 둔 뒤쪽으로 집들이 몇 채 모여 있다. 출항하는 어선을 위한 가스통이 질서정연하게 줄지어 있는가 하면, 어부들의 손때가 묻은 그물과 부표가 뒤엉켜 있다. 질서와 무질서의 조화가 묘하다. 소란하거나 요란하지 않은 바닷가 마을의 잔잔한 일상을 엿볼 수 있는 산책이다. 이제 호텔로 돌아가 뜨끈한 로텐부로에 몸을 담그고, 맛있는 저녁을 먹을 것을 생각하니 아타가와에서의 완벽한 하루가 완성되는 것 같다.

소박하고 정겨운 바닷가 마을 풍경

세상과 단절된 갓쇼즈쿠리 촌락
고카야마 五箇山와
시라카와고 白川鄉

일본 열도의 허리 부분에 위치한 고카야마와 시라카와고에는 에도시대부터 존재했던 갓쇼즈쿠리(合掌作り)라는 가옥 구조로 유명한 촌락이 옛 모습 그대로 보존되어 있는데, 그 모습이 대단히 독특하고 신기해서 경외심마저 든다. 몇 백 년의 시간을 거슬러온 듯한 느낌을 넘어, 마치 다른 세상에 들어와 있는 착각이 들 정도다.

스머프 마을이 떠올려질 만큼 아기자기한 마을, 역사적으로도 의미가 있어 모든 것이 문화재가 되는 그 마을에서 그들과 같은 방식으로 하룻밤 지내보는 것은 아주 특별한 경험이다.

location & approach 카나자와나 타카야마에서 출발하는 버스가 있지만 자주 운행하지 않아 불편하다. 고카야마와 시라카와고를 돌아보는 데 가장 유용한 교통수단은 자동차다. 고카야마의 아이노쿠라, 스가누마, 그리고 시라카와고의 오기마치는 156번 도로를 따라 이어진다. 버스 안내 : www.nouhibus.co.jp/jikoku_pdf/090401t_sirakawa_kanazawa.pdf, ☎ 0577-32-1688

local traffic 시라카와고의 오기마치는 규모가 큰 편이어서 마을버스가 다닌다. 오기마치 중앙안내소 : ☎ 0576-96-1013

key word 갓쇼즈쿠리 마을, 세계문화유산, 고립된 오지

taste 접근이 까다롭고 외부와 단절된 산골마을의 특이한 집에서 하룻밤 묵어보고 싶은 그대들

the others 오기마치에는 연중 크고 작은 행사가 끊이지 않는다. 밤에는 특별히 할 수 있는 것이 없으므로 안내소에서 야간개장에 대한 정보를 얻는 것이 좋다.

lodges information 고카야마 아이노쿠라 민슈쿠 : www.g-ainokura.com, 시라카와고 오기마치 민슈쿠 : www.shirakawa-go.gr.jp/search/

카나자와에서 렌트한 자동차로 고카야마로 향하는 가을 길에는 억새가 풍성했다. 계절감을 담뿍 담고서 시원하게 뻗은 고속도로를 따라가다 고카야마 IC를 통과하니 눈앞에 펼쳐지는 풍경은 그야말로 깊은 산 속 외딴 마을로 향하고 있음을 절감하게 한다. 기괴한 산세와 터널, 다리들이 끊이지 않는 길을 달리며, 이 험한 산중에 도로를 내기 위해 얼마나 고생을 했는지 짐작한다. 고립되고 격리될 수밖에 없었을 터이다. 이런 길이 뚫려 수월하게 접근할 수 있게 된 것이 오히려 불가사의할 정도다. 첫 번째 목적지인 아이노쿠라 군락은 카나자와에서부터 1시간이면 충분히 도착할 수 있으니, 세상 참 좋아졌다는 말이 빈말이 아니다.

고요한 마을 고카야마 아이노쿠라(相倉)

아이노쿠라는 강직한 산이 둘러싸 보호하고 있는 고요한 마을이다. 완만한 언덕을 따라 가면 길 양편으로 드문드문 자리를 잡은 갓쇼즈쿠리 가옥이 보인다. 언덕이 내리막으로 바뀌는 곳에는 민속관이 있고, 산으로 향한 산책로도 있다. 세계문화유산이자 나라에서 지정한 사적 단지로 보호하는 마을인 탓인지, 모여든 관광객들도 조심스레 질서를 지키고 예를 갖추는 분위기다. 그도 그럴 것이 아이노쿠라에 모여 있는 20여 채의 갓쇼즈쿠리는 물론이거니와 사찰이나 신사, 마을을 둘러싸고 지켜주는 든든한 산, 돌담, 작은 숲, 밭, 수로, 옛 정취가 남아 있는 길에 이르기까지 이 마을의 모든 것이 문화유산으로 지정되어 있다.

아이노쿠라 촌락의 문화와 자연과 삶

갓쇼즈쿠리의 현명한 구조

이엉을 엮어 만든 경사가 급한 지붕은 눈으로 인한 피해를 줄이고, 쌓인 눈을 털어내기 좋다. 지붕 아래는 양잠을 하는 다락이 2, 3단으로 구성된다. 따라서 갓쇼즈쿠리는 기본적으로 3층 이상의 구조다.

1층은 실질적인 생활공간으로, 내부로 들어서면 가장 먼저 눈에 띄는 것은 이로리(いろり)라 부르는 화덕이다. 다다미 마루의 일부를 파내고 만든 이로리는 취사도구인데, 그 주위에 둘러앉아 식사를 하기도 하며 난방을 위한 도구로도 쓰인다. 이로리가 있는 1층은 대단히 넓은 공간이다. 그 덕분에 이 마을에서는 대가족 공동체 생활을 할 수 있었다. 외부와는 단절되었지만 풍성한 대가족 구성원과 서로 도우며 의지하는 이웃들 덕분에 고립된 마을은 외롭지 않았을 것이다.

현재 아이노쿠라에는 80명 남짓이 살고 있다. 과거의 북적임은 잦아들었지만 여전히 삶의 터전으로서의 기능을 제대로 수행하면서 관광객들을 맞는 아이노쿠라는 참 대견한 마을이다.

땅콩과 함께한 커피가 맛있는 카페 아카리야

맨해튼 러브스토리를 닮은 카페 아카리야

시라카와고(白川鄕)는 길에 거센 빗줄기를 만났다. 먹구름에 덮여 급속히 어두워진 길가에 장작더미를 쌓아놓은 카페가 보이기에 반사적으로 차를 멈췄다. 카페 아카리야는 짙은 나무색의 안정감 있는 건물로, 은은한 등을 밝혀둔 입구에는 장대비에 휩쓸려 떨어진 낙엽들이 흩어져 있다. 쿠도칸의 독특한 각본에 열광하게 만든 드라마〈맨해튼 러브스토리〉에 등장하는 카페 점장과 닮은 듯, 키가 큰 아저씨가 주인장이다. 주문한 커피를 기다리는 동안 카페 '아카리야'에 카페〈맨해튼 러브스토리〉를 대입해보는 재미가 쏠쏠하다. 드라마의 카페 점장만큼 커피에 대한 철학이 확고한지는 모르겠지만 아카리야의 키다리 아저씨가 만들어준 커피는 참 맛있었다.

카페에 비치되어 있는 잡지에 소개된 일본 작가들의 서재 구경에 몰두하며 아늑한 카페에 앉아 있으니 조금 전 둘러본 수백 년 전 전통 가옥 촌락은 아득한 꿈결이었던 듯싶다.

전통 가옥 갓쇼즈쿠리에서 하룻밤

내가 예약한 숙소(이사부로. 1박 2식 8,700엔)는 오기마치 번화가를 벗어난 북쪽 외곽으로 한적한 오르막길을 따라 올라간 곳에 있는 갓쇼즈쿠리로, 좁은 방에는 온통 낡은 것들뿐이다. 텔레비전도 전기난로도, 유카타도 하오리도 온통 오래된 것들이지만 이 방, 이 집, 이 마을에 썩 어울리는 것들이다. 낡은 유카타를 걸치니 몸에 착 감기는 질감이 딱 내 것인 양 느껴졌다.

저녁상은 이로리 옆의 커다란 상 위에 차려졌다. 나를 반겨주었던 구수한 냄새의 범인은 이와나(いわな, 곤들매기)라는 자그마한 민물고기였다. 이와나는 이 지역 하천에서 많이 잡히는 물고기로 이 지역 대부분의 민박집 저녁상에서 맛볼 수 있는 생선요리일 것이다. 생선을 좋아하고 그중에서도 특히 겉에 소금을 발라 구워먹는 시오야키(塩燒)를 좋아하는데, 이로리에 구워낸 이와나 시오야키는 풍미에 정취가 더해져 더 맛있게 느껴졌다.

구수한 이와나 구이와 함께 나온 매실주

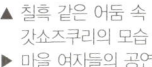
▲ 칠흑 같은 어둠 속
  갓쇼즈쿠리의 모습
▶ 마을 여자들의 공연

마을 전통 공연을 볼 수 있는 작은 행사

저녁을 먹던 중, 근처에 야간 공연을 하는 갓쇼즈쿠리가 있다는 정보를 얻었다. 들뜬 마음으로 숙소를 나섰는데 마을은 예상치 못한 칠흑 같은 어둠 속이었다. 거리엔 가로등이 있고, 집집마다 밝혀둔 등불로 밤이면 더 예뻐질 마을을 기대했던 탓에 한 치 앞도 분간할 수 없는 어둠은 적잖이 당황스러웠다.

가로등도 외등도 없는 곳에 띄엄띄엄 자리 잡은 갓쇼즈쿠리에서 새나오는 희미한 불빛을 따라 행사장 안으로 들어갔다. 이러한 분위기에서 요란하게 두드러지는 행사는 전통 민요와 함께하는 공연이다. 출연진은 모두 마을의 주민이라는데, 마을의 여자란 여자는 죄다 모인 모양이다. 걸음마를 시작한 지 얼마 되지도 않은 것 같은 꼬맹이부터 그냥 서 있는 것도 힘겨워 보이는 꼬부랑 할머니에 이르기까지 마을의 모든 여자들이 팀을 이룬 공연이라, 수준이야 어찌되었든 그 자체만으로도 의미가 있고 흥미로운 무대였다. 주민들의 이런 열정이 있기에 전통은 이어진다. 온천에서 피로를 푸는 것보다 훨씬 의미 있는 '밤마실'이었다.

코스모스 사이로 보이는 오기마치의 가을

서정적인 오기마치의 가을 풍경

오기마치의 가을

11월 초, 오기마치에는 가을이 내려앉았다. 사계절 언제라도 나름의 특별한 정취가 가득할 것인데, 가을의 정취는 단연 단풍이다. 갓쇼즈쿠리를 둘러싼 산에도, 아슬아슬 길게 드리워진 데아이바시(であい橋, 만남의 다리) 너머에도 온통 단풍이다.

소박한 갓쇼즈쿠리는 화사한 단풍을 배경으로 한층 인물이 나는 것 같고, 단풍은 갓쇼즈쿠리의 투박함과 어울려 차분해져 안정감이 느껴진다. 단풍뿐만이 아니다. 추수가 끝난 논, 세워놓은 볏단, 익살스런 허수아비, 코스모스 등 가을 뒤로 보이는 갓쇼즈쿠리는 한가롭고 서정적인 풍경이다.

전망대로 향하는 산책길에 보이는 갓쇼즈쿠리

그림처럼 펼쳐진 갓쇼즈쿠리 촌락

갓쇼즈쿠리가 가장 예쁜 계절은 겨울이다. 이곳의 겨울은 특별히 길고, 많은 눈이 내리는 덕분에 온통 하얗고 깨끗한 눈옷이 두툼하게 마을을 감싼다. 상상만으로도 가슴 떨리도록 로맨틱한 풍경이다. 그러나 겨울에는 갈 수 없는 산책로가 있다. 시라카와고의 근사한 풍경을 볼 수 있는 전망대로 향하는 길이다.

와다가(和田家) 옆에서 시작하는 산책로는 적당한 경사가 있는 산길로, 힘들지도 않고 심심하지도 않은 딱 좋은 코스다. 전망대에 오르면 오기마치의 갓쇼즈쿠리 촌락을 한눈에 내려다볼 수 있는데, 이 산책로는 겨울에 눈이 쌓이면 통제되어 올라갈 수 없다. 정상으로 가는 동안에도 나무 사이로 보이는 마을 풍경에 시선이 꽂힌다. 정상의 전망대에서 보는 발아래 마을의 풍경은 그야말로 장관이다. 그림처럼 펼쳐진 이 풍경은 과연 시라카와고를 대표할 만하다.

전망대에서 바라본 마을 전경

일본의 작은 마을 _

처음 이 마을을 알게 되었을 때, 태국 끄라비에 있는 라야바디 리조트를 떠올렸었다. 갓쇼즈쿠리에는 그곳에 비해 없는 것이 너무 많다. 견줘 내세울 만한 것이 있는지나 모르겠다. 그러나 휴양지 리조트에는 없는 역사와 전통, 그리고 그것을 지키고 이어가려는 강직한 마음들이 있다.

갓쇼즈쿠리의 지붕을 보수하는 모습. 매년 봄이면 대대적인 보수를 하고, 40~50년마다 한 번씩 새것으로 바꿔주어야 한다.

일본의 작은 마을_

교토와 에도를 잇는 기소 계곡의 한적한 우편 마을
쓰마고 妻籠와 마고메 馬籠

에도시대 나가노켄(中野縣)의 남서부에는 나카센도(中山道)라 부르는 우편 수송로가 있었다. 교토에서 에도(지금의 도쿄)를 이으며 우편물을 수송하던 이 고갯길에는 70개에 달하는 역참이 만들어졌다.

이 마을 가운데 일부는 지금도 옛 모습을 그대로 간직하고 있는데, 쓰마고와 마고메가 그러하다. 쓰마고에는 "우라나이, 카사나이, 코와사나이(賣らない, 貸さない, 壞さない, 팔지 않고, 빌려주지 않으며, 부수지 않는다)"라는 유명한 구호가 있는데, 마을을 보존하려는 주민들의 뜻이 담겨 있다. 덕분에 에도시대로부터 지금에 이르는, 400년이 넘는 세월을 한결같은 모습으로 쉬어갈 손님들을 맞이하고 있다.

location & approach 나카센도 우편 수송로는 나가노켄 남서부 기소 계곡에 위치한다. JR주오센이 지나는 나기소 역에서 우편 마을을 향하는 버스를 탈 수 있다(도쿄에서 4시간, 나고야에서 1시간 거리). 나기소에서 쓰마고 가는 버스(300엔)는 그리 자주 있는 것이 아니므로 기차 시간이 맞지 않으면 택시를 탈 수밖에 없다(택시로 5분 거리).

local traffic 쓰마고에서 마고메까지 버스(600엔)로 20분 정도가 걸리고, 시즌에 따라 하루 3~5회 운행된다. 진바(じんば) 버스정거장에서 내리면 내리막길을 따라 마고메 나카센도를 따라갈 수 있고, 마고메 버스정거장에서 내리면 반대로 오르막길을 따라 나카센도를 걷게 된다.

key word 우편 마을, 에도시대, 기소 계곡, 히노키, 전통 료칸

taste 일본의 예스런 전통에 관심이 있는 그대들

the others 한겨울에는 마을이 거의 텅 비다시피 한다. 주민들조차 추위를 피해 다른 곳에서 지낼 정도라니 한겨울은 피하는 것이 좋다.

lodges information 료칸 후지오토 : www.takenet.or.jp/~fujioto, 영어를 능숙하게 구사할 수 있는 스태프가 상주하고 있다. 1박 2식 포함된 가격이 10,500~12,600엔

히노키 향 가득한 쓰마고로 가는 길

우편 마을이라니 어쩐지 낭만적이다. 그 옛날 이곳을 지나쳐 갔을 서신들을 생각하면 더욱 그렇다. 절절한 러브레터가 아닌 공문서가 주가 되었을지도 모를 일이나, 무슨 상관이 있겠는가. 미지의 쓰마고는 서정적이고 호젓한 기운이 감도는 낭만적인 이미지로 다가온다. 쓰마고로 가는 길은 나기소(南木曾) 역에서 시작된다. 나기소로 향하는 기차의 창밖은 온통 나무다. 특히 나기소가 위치한 기소 계곡은 히노키(ひのき, 편백나무, 노송나무라고도 한다)의 고향이라 불린다. 나기소 역에 내리면 그 이름에서부터 느껴지던 나무 냄새를 실감할 수 있다.

'나기소에서 버스를 타면 쓰마고에 갈 수 있다.'
이것이 내가 갖고 있는 정보의 전부였다. 정보는 바닥이 났는데 상상했던 거리의 풍경은 보이지 않고 공터 같은 버스정거장 입구에서 왼쪽 위로 올라가는 좁다란 길이 보인다.

일본의 작은 마을_

적당히 그을린 세월의 흔적을 품은 쓰마고의 첫인상

나무들이 우거진 좁은 길을 다 오르면 새로운 길을 만난다. 왼쪽은 물레방아가 있는 오르막길이고, 오른쪽으로는 끝을 보여주지 않은 채 뻗어가는 나카센도(中山道)로 이어지는 길이다. 끝도 없이 뻗어가는 길은 마고메까지 이어지는 셈이다. 잡다한 것이라곤 찾아볼 수 없이 잘 정돈된 그 길을 따라 다닥다닥 늘어선 집들은 척 봐도 오래된 목조 건물들이다. 쓰마고의 거리가 틀림없다. 마을은 상상했던 것보다 훨씬 짜임새 있게 갖춰진 모습이다. 여기 서서 볼 수 있는 이 광경이 전부라 해도 아쉽지 않을 정도로 마을의 첫인상은 근사하다.

계단을 따라 올라가는 길과 코토쿠
지로 올라가는 길

옛 모습 그대로 호젓함을 간직한 쓰마고

물레방아가 있는 오르막길에는 세 곳의 민슈쿠가 모여 있다. 마침 체크아웃 시간이라 짐을 챙겨 숙소를 나서는 이들이 더러 보인다. 그들과 내가 주고받는 활기찬 아침인사 소리에 마을이 꿈틀거린다. 쓰마고의 하루는 이렇게 시작되는 모양이다. 오르막길에 서니 단풍이 든 산을 배경으로 내려다보이는 쓰마고의 나카센도가 그야말로 장관이다.
마을을 내려다볼 수 있는 곳은 물레방아 언덕길 말고도 두 군데가 더 있다. 관광안내소 바로 옆의 계단을 따라 올라가는 길과 코토쿠지로 올라가는 길인데, 이 두 곳에서는 나카센도에 늘어선 예쁜 집들의 뒷모습을 볼 수 있어 흥미롭다. 나카센도에는 전봇대도 전선도 보이지 않는다. 이는 쓰마고의 예스런 모습을 유지하는 데 필수적이며, 되짚어 보니 정갈하고 짜임새 있는 첫인상도 전선의 부재에서 기인한 것인 듯싶다.

일본의 작은 마을 _

전선과 에어컨 실외기 등 불경스런(?) 현대 문명은 죄다 뒤뜰에 숨겨두었다.

전통가옥이 모여 있는 아름다운 골목

나카센도로 돌아가 관광안내소 건너편의 계단을 내려가면 쓰마고에서 가장 예쁜 골목이 시작된다. 마쓰시로야(료칸)와 시모사가야(전통적인 서민 가옥의 형식을 복원, 전시)를 포함해 10채도 되지 않는 집들이 모여 있는 이 짧은 구간이 쓰마고에서 가장 아름다운 곳이다. 이 구간은 큰 길에서 빗겨난 조금 낮은 지대에 살포시 내려앉아 아늑한 느낌을 주는데다, 한쪽에는 집들이 다른 한쪽에는 철마다 색을 바꾸는 나무들이 늘어서 있어 쓰마고를 지나는 어느 길보다도 돋보인다.

일본의 작은 마을 _

료칸 마쓰시로야가 있는 아름다운 골목

산으로 둘러싸인 작은 마을의 한 가운데에 놓여진 1km밖에 되지 않는 짧은 길 위에 60채가 넘는 옛 집이 들어앉은 모습은 숭고하고 경이롭기까지 하다. 길의 양편에 빼곡히 들어선 이 집들은 대부분 무언가를 팔고 있는 상점임에도 불구하고 전혀 난잡하지 않다. 시간이 흘러 해가 높아지는 오후에 가까워질수록 소란스런 관광객의 수도 많아지지만 뼈대 있는 이 마을은 흔들리지 않는다. 이른 아침의 한적함을 잃을지언정 기존의 품위는 유지하려는 듯 느껴진다.

히노키 욕조가 있는 료칸 후지오토(藤乙)

저녁이 되니 쓰마고의 거리는 어쩐지 달라져있다. 석연찮은 그 기분의 범인은 자동차들이다. 마을 바로 아래에 주차장이 있건만, 통제가 해제된 나카센도에 침범한 숙박객의 자동차가 자꾸만 거슬린다.

쓰마고에서는 한국인을 좀처럼 찾아보기 힘들다. 나를 방까지 데려다주신 영감님 말씀으로는 내가 이 료칸 최초의 한국인 투숙객이란다. 저녁을 먹기 전에 목욕을 하고 싶어, 이부자리가 깔린 방에는 눈도장만 찍고 서둘러 오후로(お風呂, 목욕탕)에 내려가니, 입구에서부터 은은한 향이 번진다. 히노키 욕조가 뿜어내는 냄새다. 히노키 욕조는 료칸의 근사한 저녁 식사나 아기자기하게 가꿔진 정원 등과 함께 료칸의 자랑거리인데, 내게는 그 어느 것보다도 맘에 든다.

이곳에서는 히노키로 만든 토산품이 많은데 일본에서도 최고로 손꼽히는 기소 계곡의 히노키 벤또 통은 도쿄에 비해 최소 2,000엔 정도는 저렴한 편이다.

▲ 특별히 맛있는 후지오토의 니쿠야키와 곤혹스러웠던 벌 조림
◀ 쓰마고의 히노키 벤또 통, 일본에서도 최고로 손꼽히는 기소 계곡의 히노키 제품은 도쿄에 비해 훨씬 저렴하다.

우편 수송로의 역참으로 쉴 만한 곳이 되었던

이 마을에서 하룻밤,

쓰마고에 가려거든

꼭 하룻밤을 묵어봐야 한다.

관광객의 구미에 맞는 드라마틱한 비탈길

마고메에 이르는 길

쓰마고와 마고메를 잇는 나카센도는 대단히 의미 있는 하이킹 코스다. 기능은 잃었으나 산골까지 따라 이어지는 길은 옛 모습을 그대로 간직하고 있다. 산으로 둘러싸인 이 길을 걷는 것은 단순한 하이킹이 아니라 일종의 역사적 의의를 지닌 행위이다. 더욱이 8km에 달하는 경사진 산길은 가벼운 맘에 나설 수 있는 길은 아니기에 완주했을 때 맛볼 수 있는 쾌감은 더욱 클 것이다. 그러나 시간과 체력이 허락하지 않는다면 버스를 이용할 수 있다(하루 3~5회 운행, 600엔). 걸어가는 길에 비하겠냐만, 버스를 타고 가는 꼬불꼬불 산길도 은근히 험난한 매력이 있다.

마고메는 쓰마고에 비해 훨씬 번화해서 관광지 느낌이 강하지만, 길 자체만을 두고 본다면 상당히 드라마틱한 매력이 있는 비탈길이다. 0.6km의 마고메 나카센도에는 그럴듯한 상점이나 식당들도 더러 보이며, 그 사이사이에는 갖가지 군것질거리를 파는 가게들이 즐비한데, 그중에서도 고헤 모찌가 단연 인기다.

▲ 군것질거리의 냄새는 관광객을 홀린다.
▼ 난바힌 고헤 모찌

일본의 작은 마을_

집집마다 다양한 모습으로 치장한 우편함

우편 마을의 낭만적 정취에 젖다

애초에 '우편 마을'이라는 낭만적인 타이틀에 이끌려 시작한 여행인 만큼 우편과 관계 있는 것들에 유독 눈길이 가는 건 당연하다. 쓰마고와 마고메의 나카센도에는 우체국은 물론이요, 집집마다 저마다 다른 모습으로 치장해 걸어놓는 우편함이 있다. 색이 고운 감 두 알, 햇살을 받아 더욱 눈부신 들꽃으로 치장한 우편함이 있는가 하면 짙은 나무색의 집, 그 색 그대로 있는 듯 없는 듯 걸려 있는 우편함도 있다. 너무 예뻐서 그냥 지나칠 수 없는 풍경, 나카센도에는 발목을 붙잡는 것들이 참 많다.

우편함을 보고 있자니 설레는 맘이 절정에 이른다. 이 마을에서는 꼭 편지 한 통을 써야겠다는 마음에 마고메에서 산 편지지에 편지를 써서 쓰마고의 우체통에 넣는다(항공우편 한 통에 90엔). 교토에서 에도를 잇는 우편 길이었던 나카센도, 이제는 이곳에서 전 세계 어느 곳이라도 간단하게 편지를 보낼 수 있게 되었다. 몇 백 년이란 세월은 이처럼 많은 것을 바꿔놓았지만, 이 마을의 정취만큼은 고스란히 남겨놓았다.

쓰마고를 지키고 보존하려는 애정이 여전히 뜨겁다는 것을 실감하고 나니 앞으로 몇 백 년이 지나도 이 마을은 이 모습을 간직하리라는 확신이 든다. 또 그러하기를 간절히 바라는 한 사람으로서 다시 이 마을을 찾을 것이다.

산등성이에 소복하게 자리 잡은 차밭
시즈오카 靜岡

시즈오카는 다양한 콘텐츠를 가진 넓은 지역이지만 그중에서도 가장 두드러지는 것은 차밭이다. 생산량으로만 따지자면 일본 제1의 차 생산지인 만큼 시즈오카 시내를 벗어나면 어디서든 쉽게 차밭을 볼 수 있다. 산등성이에 소복하게 자리 잡은 차밭을 보며 드라이브를 즐기다 차실(茶室, 다실)에서 호사스러운 차 한 잔을 마실 수 있는 곳이 시즈오카다.

location & approach 시즈오카는 도쿄에서도 접근이 용이하고, 최근에 새롭게 만들어진 시즈오카 공항으로 바로 들어갈 수도 있어서 한결 여행이 편리해진 곳이다.

local traffic 시즈오카의 차밭과 차실을 자유롭게 돌아보려면 역시 렌트를 하는 것이 가장 좋다. 대중교통도 이용할 수 있으나 시간 제약이 심하다. 대중교통 정보 : www.shizuoka-guide.com/korean/tour/access/vehicle.html

key word 맛차, 옥로차, 차밭, 차실, 와사비, 사쿠라에비(벚꽃새우)

taste 시즈오카의 차밭 속에서 차 한 잔의 호사를 누리고 싶은 그대들

the others 시즈오카는 온천으로도 유명하다. 차밭과 온천이 어우러진 료칸에서 하룻밤 묵어가는 것도 좋겠다. 봄과 가을에 시즈오카에 간다면 사쿠라에비를 맛볼 수 있다.

lodges information 시즈오카 숙박 정보 : www.shizuoka-guide.com/korean/tour/accom/

옥로차의 마을 교쿠로노사토(玉露の里)

이른 아침 찾아간 곳은 시즈오카 시에서 남서쪽으로 30~40분 거리에 있는 교쿠로노사토다. 교쿠로 차는 우리말로 하자면 옥로차로, 차의 새싹이 돋아날 무렵부터 20일간 그늘에서 재배한 찻잎으로 만든 것으로 상당히 고급차에 속하며, 일본에서 처음 개발된 차다. 교쿠로 차의 성지, 고향이라 불리는 곳이 바로 교쿠로노사토다. 시즈오카 시내를 벗어나 잘 닦여진 도로를 따라 기분 좋은 드라이브를 하다 보니 금세 도착이다.

일본의 작은 마을 _

차실 효게쓰테이(瓢月亭)

연못 위에 단정하게 자리 잡은 차실, 효게쓰테이(瓢月亭)

벚꽃이 흐드러진 길을 건너면 교쿠로노사토의 입구가 나타난다. 둘러 친 낮은 구릉에는 역시나 차밭이 보이고, 햇살을 막아 그늘을 만들어놓은 곳도 더러 보인다. 정원만 돌아보는 것은 공짜지만, 차실을 이용하려면 입구에서 티켓을 사야 한다(500엔). 티켓을 사서 안으로 들어서니 아담한 공원이다. 그중에서도 눈에 띄는 것은 단연 연못 위에 단정하게 자리 잡은 차실 '효게쓰테이'다. 도쿄의 시오도메에도 연못에 떠 있는 차실, '나카지마노 오차야(中島の御茶屋)'가 있다. 도심 한가운데 있다고는 믿어지지 않는 그 차실에서 마신 맛차, 차실에서 보낸 평온한 시간을 좋은 추억으로 갖고 있어서인지 닮은꼴 차실인 효게쓰테이에 들어서는 마음이 처음이 아닌 듯 친근하다.

발을 내려다보며 머리를 숙이다, 니지리구치(躙口)

차실의 내부도 외관처럼 깨끗하며 단정하다. 다구를 씻고 정리하는 미즈야(水屋)를 지나 차실에 들어서니 그 유명한 니지리구치가 보인다. 연못 옆의 커다란 출입문으로 들어와 복도를 통과해 차실에 이르렀지만, 본래 니지리구치를 통해 차실에 들어가는 것이 정석이다. 즉 손님은 미즈야를 지나지 않는 것이다. 니지리구치는 손님이 드나드는 작은 문으로 리큐 거사의 초암에 처음 만들어졌던 가로세로 60cm 정도의 작은 입구다. 발을 내려다보며 머리를 숙이고, 작은 문을 통과하는 것은 신분을 비롯한 모든 것을 내려놓고 차실에 들어선다는 의미가 있다.

표주박이 단정하게 걸린
공간과 니지리구치

◀ 방을 장식하는 공간인 도코노마
▼ 눈과 입과 귀로 느끼는 교쿠로 차와 와가시(和菓子, 화과자), 와가시는 손으로 반을 나누어 먹는 것이 예의다.

겐조가 그렇게 꾸미고 싶어 하던 공간, 도코노마(床の間)

이제 자리를 잡으면 될 텐데, 다다미 넉 장 남짓의 넓지 않은 공간임에도 불구하고 휑하니 다다미만 깔려 있으니 어느 곳에 앉아야 할지 고민이다. 이때 방향을 잡아주는 곳이 있으니 바로 도코노마다. 도코노마는 일본식 주택에 대부분 갖춰져 있는 공간으로 다다미를 한 단 높이고, 움푹 들어간 정면에 서화니 족자, 화분 등을 놓아두는 곳으로, 말하자면 방을 장식하는 공간인 셈인데 차실에서도 도코노마가 중요함은 당연지사다.

나쓰메 소세키의 자전적인 소설 《미치쿠사(道草)》에서 주인공 겐조가 공을 들여 꾸미고 싶어 하는 공간으로 도코노마가 자주 등장한다. 도코노마를 바라보고 앉아 차실의 주인을 기다리고 있자니 차실의 분위기에 눌려 괜스레 떨리고 긴장된 마음이 풀어지는 것을 느낀다. 이제야 차실에 초대받은 손님이 된 기분이다.

마키노하라(牧之原) 녹차 평원의
오차노사토(お茶の郷)

관광안내소에서도 서점의 데스크에서도 시즈오카켄의 근사한 차밭으로 마키노하라를 말한다. 그런데 두 군데에서 똑같이 덧붙이는 말이 마키노하라는 엄청 멀다는 것이다. 하지만 막상 출발하고 보니 그렇게 호들갑스레 만류할 정도로 먼 거리는 결단코 아니다. 마키노하라를 지나는 기차는 없지만, 고속도로가 뚫려 있는 덕분에 시간도 많이 단축이 된다. 시즈오카 시내를 벗어나고부터는 산등성이마다 소복하게 만들어진 차밭을 볼 수 있어서 눈도 마음도 아주 시원해지는 기분이다.

일본의 작은 마을_

목적지는 오차노사토이다. 단정하고 예스런 모습을 기대했는데, 건물도 주차장도 멋없이 커다랗기만 해서 조금 실망스럽다. 그래도 은근히 볼거리가 있는 차향 가득한 박물관에서는 직접 맷돌을 돌려 맛차를 만들어볼 수 있는 체험도 할 수 있다. 영어표기도 없는데 한글 표기가 있어 놀랍고 반가웠으나, 정작 한국인 방문자는 거의 없는 편이라니 아쉽다.

▲ 박물관에는 여러 나라의 차 문화를 엿볼 수 있다.
▼ 맷돌로 맛차를 만들어보는 체험

평온한 마음으로 차를 즐기다

박물관 2층 복도의 커다란 창을 통해 내려다보면, 아담한 일본식 정원의 한쪽에 위치한 차실을 볼 수 있는데, 아담하면서도 다부진 모습이다. 교쿠로노사토의 차실과는 달리 이곳에서는 손님이 보는 앞에서 차를 끓여내는데, 다다미 위에 저마다의 위치에 얌전하게 놓인 다구와 절도 있는 움직임이 더해져 극한의 아름다움을 만들어낸다.

데마에(点前, 차실에 도구를 가져와서 차를 달이는 것을 하는 공간

다완을 두 손으로 감싸고 입술을 갖다 대니, 입술에 닿는 부드러운 거품과 혀끝에서 전해서 입 속 깊은 곳에서 느껴지는 쌉쌀한 맛이 이뤄내는 조화가 기가 막히다.
오래전 어느 유명한 다인은 차가 식지만 않는다면 한 잔의 차를 하루에 걸쳐 천천히 마시고 싶다고 했다는데, 나는 오늘 하루 종일 차를 마시고 있다. 한 모금에 아주 조금씩 차를 머금으며 평온하게 차를 즐기는 마음이 된다.

종교의식을 방불케 할 정도로 성스럽게 만들어진 맛차와 예쁜 와가시

마키노하라의 차밭

박물관과 차실에서 꿈같은 시간을 보내고 차밭을 둘러보러 내려가니, 멀리 시가지를 배경으로 차밭이 펼쳐져 있다. 아직 새잎을 딸 시기는 되지 않았지만, 연둣빛으로 돋아난 찻잎을 보니 가슴이 떨린다. 마키노하라의 그린피아에서는 매년 5월부터 10월까지 찻잎 따는 체험을 할 수 있다.

아삭거리는 차소바 샐러드와 디저트

오차노가쇼오안 (お 茶 の 雅 正 庵)

시즈오카켄에서는 어디를 가더라도 차향이 가득한 싱그러운 밥상을 받을 수 있는 식당이 많다. 그중에서 가장 좋아한 곳이 가쇼오안이다. 이곳은 차를 이용한 디저트 종류가 특히 인기가 많아 현지인들의 단체 주문이 끊이지 않는 곳으로 유명하다. 점심 시간에만 한정적으로 제공되는 차소바 샐러드의 풍미는 저렴한 가격(750엔)을 생각하면 더욱 놀랍다.

사 쿠 라 에 비 (さ く ら え び)

시즈오카에는 10대 명물이라 손꼽히는 것들이 있는데, 그 가운데 사쿠라에비(さくらえび, 벚꽃새우)라는 것이 있다. '사쿠라'라는 이름은 자잘한 분홍빛 모양에서 기인한 것이기도 하지만, 이 새우가 가장 맛있는 계절이 벚꽃의 계절인 탓에 지어진 이름이기도 하다.
사쿠라에비 항구에 빼곡한 어선들을 바라보며 간이 테이블에 대충 자리를 잡고 먹는 재미도 쏠쏠하다. 가장 인기가 많은 메뉴를 시켰더니 사쿠라에비 튀김이 밥 위에 얹어져 나온다(650엔). 고소한 맛이 밥과 잘 어울린다. 봄·가을에만 잡힌다니 이 시기에 시즈오카 여행을 계획하고 있다면 잠깐 들러 사쿠라에비를 맛보는 것은 어떨까.

아기자기한 도자기 산책길
도코나메 常滑

도코나메는 유구한 역사의 흔적을 간직한 도자기 마을이다. 그러나 과거 화려했던 시절의 유물을 전시하는 데 그치는 것이 아니라, 누구든지 즐겁게 산책할 수 있을 만한 기분 좋은 산책길을 고안하고 가꾸어가는 마을이기도 하다.

좁고 구불구불한 골목길은 담도 벽도 바닥까지도 온통 붉은 도자기로 둘러싸여 있는 미로 같다. 도코나메의 아기자기한 붉은 도자기 산책길은 예쁘기만 한 길이 아니다. 편리한 안내판을 두고도 샛길을 찾아다니며 골목길 탐방에 나서면 마을 곳곳에 숨겨진 도코나메의 과거와 현재와 미래를 만날 수 있다.

location & approach 아이치켄(愛知縣) 지타한도(知多半島)에 위치한 도코나메에는 JR역이 없지만, 나고야에서 메이테츠센을 타고 35분이면 도착할 수 있고, 나고야는 신칸센을 이용하면 도쿄에서 2시간, 오사카에서 1시간이면 갈 수 있으니 접근성은 좋은 편이다. 단, 나고야 메이테츠 역은 나고야 JR역에서 15분 정도는 걸어가야 한다. 우리나라에서 직항편이 운행되는 주부국제공항(中部國際空港)에서도 가깝다.

local traffic 도자기 산책길은 도보로 돌아보는 것이 좋다. 특히 A코스는 도보 이동밖에 할 수 없다. B코스는 '토코토코'라는 귀여운 버스(www.toko.or.jp/tokoname-kanko/)를 타고 돌아볼 수 있다. 1일 승차권은 500엔이다.

key word 도자기 마을, 벽돌 굴뚝과 가마, 붉은 담과 붉은 길

taste 좋아하는 도자기 구경도 하면서 아기자기한 산책길을 걷고 싶은 그대들

the others 3월 하순부터 5월 상순까지는 움직이는 인형을 설치한 수레 등 다양한 수레를 전시하는 축제가 열리고 여름이 끝날 무렵의 토 · 일요일에는 대규모 도자기 도매 시장이 열리니 도자기에 흥미가 많다면 이 시즌을 이용하는 것도 좋겠다.

lodges information 도코나메 숙박 정보 : toko.or.jp/tokoname-kankou/hotel/index.html

일본의 작은 마을 _

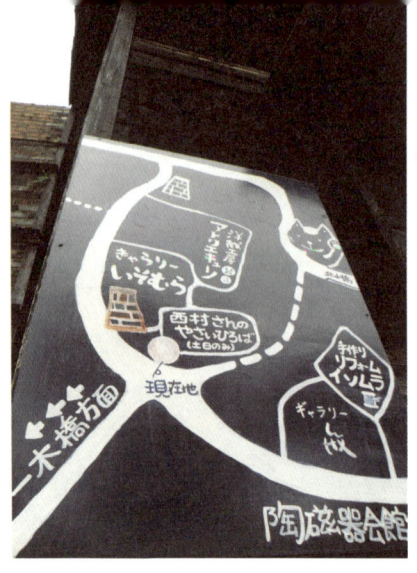
야키모노 산보미치의 귀여운 표지판

역에서부터 티가 나는 도자기 마을, 도코나메

도자기를 좋아하는 내게 도코나메는 생소한 곳이 아니다. 오래된 옛 가마와 굴뚝, 토관이 가득한 좁고 구불구불한 산책로가 있는 도코나메는 오래전부터 내 마음속에 자리하고 있는 꿈속 마을이었다. 그리고 드디어 도코나메에 들어선다. 도코나메는 역에서부터 도자기 마을 티를 잔뜩 내고 있는 귀여운 마을이다. 아직 역 밖으로 나가지도 않았는데 보람을 느낄 지경이다.

도코나메를 돌아보는 야키모노 산보미치(やきもの散歩道, 도자기 산책길)는 역에서 도자기회관을 출발해 등요 광장을 돌아 나오는 A코스(1.5km, 최소 1시간)와 INAX 뮤지엄, 도코나메 시립도예연구소와 민속자료관 등을 돌아볼 수 있는 B코스(4km, 최소 2시간 30분)로 나뉘는데 아기자기한 A코스를 먼저 돌아보기로 한다.

마네키네코도리의 시작을 알리는 고양이

익살스러운 고양이 인형, 마네키네코(招き猫)

A코스는 도코나메 도자기회관을 출발해 25곳의 뷰포인트를 지나 출발점으로 돌아오는 루프형 코스로, 일단 출발 지점인 도코나메 도자기회관으로 가야 한다. 역에서 도리(通 リ, 거리)를 따라 도자기회관을 가는 길에 마네키네코(招き猫, 손짓하는 고양이 인형)가 보인다. 마네키네코는 어느 쪽 앞발을 드느냐에 따라 의미가 다른데, 보통 오른쪽은 재물, 왼쪽은 손님을 부르는 것을 상징한다.

마네키네코도리의 벽에는 39개의 도자기로 만든 고양이 인형이 있다. 각각은 하나의 작품으로 작가 이름과 제목을 확인할 수 있는데, 벽에만 있는 것이 아니라 벽 위의 난간에도 8개의 작품이 올려져 있어 본격적인 산책을 시작하기도 전에 눈동자가 바쁘게 돌아간다.

마네키네코도리의 벽에 있는 특이하고 익살스런 모습의 고양이 인형

도자기로 만들어진 골목길 탐험

도자기회관에 도착하면 그때부터는 지도가 없어도 된다. 각 지점마다 번호를 매겨놓은 안내판이 진행 방향을 일러주기 때문에 안내판만 잘 따라가면 누구든 완주할 수 있다. 도코나메 도자기 산책길은 좁은 골목과 경사진 고개가 드라마틱하게 뒤엉킨 미로 같은 길이다. 구불구불한 길 사이사이에는 샛길도 많아, 걷다 보면 다시 제자리로 돌아오는 미로 같다. 탐험이라도 하는 기분이다. 붉은색 토관과 항아리로 만든 예쁜 담벼락과 길바닥 덕분에 탐험이라 하기엔 너무 따뜻하고 아기자기한 듯도 하지만, 미지의 골목을 향한 모험심이 바탕이 되기에 탐험은 탐험이다.

안내판의 번호와 화살표만 따라가면 A코스를 완주할 수 있기에 대단히 쉬운 일 같지만 한편으로는 대단히 어려운 일이기도 하다. 화살표를 따라 다음 지점으로 이동하는 동안 여러 갈래의 골목을 만나면 규칙에서 벗어나 미지의 골목으로 새고 싶은 충동이 인다. 단언하건대 화살표만 따라다니며 정해진 길로만 다닐 수는 없을 것이다. 샛길에서 샛길

도코나메의 구불구불 미로 같은 길

로, 산책로 구석구석을 돌아다니다 보면 미로의 구조를 웬만큼 깨우칠 수도 있다. 탐험을 즐기다 보면 시간이 어찌 흐르는지도 모른다. 지도는 이 코스를 돌아보는 데 1시간이 소요된다고 뻔뻔한 주장을 하고 있지만, 어림없는 소리다. 예쁜 도자기 제품들을 진열해놓은 상점도 둘러봐야 하고, 차도 한잔 마시고 싶고, 밥도 먹고 싶다면 한나절도 모자랄 판이다.

검댕의 옛 모습을 그대로 간직한 노보리가마(登窯)와 굴뚝

아기자기한 산책로에서 도자기 마을을 있게 한 노보리가마(굴가마)를 둘러보는 것은 의미 있는 경험이다. 노보리가마는 경사진 지형과 위로 올라가려는 불의 성질을 잘 이용하여 열이 가마 안에서 돌아나갈 수 있도록 몇 개의 방으로 나누어 만든 과학적인 가마다. 오래된 가마터를 돌아보며 역사의 한 부분을 공유하는 산증인이 된 것 같은 기분이 된다.

가마 못지않게 눈에 띄는 구조는 굴뚝이다. 도코나메의 가마에서는 석탄을 연료로 사용했기 때문에 굴뚝에서 하늘로 올라가는 연기는 항상 검은 연기였다고 한다. 지금은 대부분 사용하지 않는 굴뚝이라 검은 연기 기둥이 보이진 않지만, 검댕이 남아 거뭇거뭇한 것이 도코나메 굴뚝의 특징이다.

토관이나 항아리를 구워냈던 오래된 굴뚝

도코나메의 과거와 현재, 그리고 미래

언덕에서 내려다보이는 오래된 굴뚝, 지금도 만들어지고 있는 도코나메의 토관과 항아리, 그리고 눈에 잘 띄지도 않는 길가에 놓인 굴뚝 모양의 도자기에 누군가 꽂아놓은 코스모스는 도코나메의 과거, 현재, 미래를 대변하는 것 같다. 아득한 역사 속에서 굳건한 과거, 전통을 이어가는 현재, 그리고 작은 것에도 관심을 표현하는 마을 사람들의 마음이 보여주는 미래. 도코나메는 과거의 명성을 지금도 잃지 않았으며 앞으로도 이어갈 것이다.

카페 風

도코나메에서 쉬어가기

커다란 '風' 자의 임팩트가 강한 노렌(のれん, 포럼)을 드리운 독특한 구조의 카페 후는 도코나메에서 단연 돋보이는 곳이다. 잔뜩 흐려 쌀쌀한 날씨 탓에 따끈하고 든든한 무언가를 먹고 싶어 주문한 젠자이(단팥죽)는 많이 달지 않고 짭짤한 너트가 들어있어 고소하다(600엔).

4번 코스의 아래쪽에는 식당 세 곳이 모여 있다. 그 중에서 이름이 마음에 드는 '탄포포(たんぽぽ, 민들레)'에 들어선다. 기괴한 외관의 생선찜이 포함된 정식, 후식으로는 탄포포 코히(たんぽぽ コーヒー, 민들레 커피)가 나온다.

탄포포의 생선찜 정식과 민들레 커피

추억을 더듬는 산책
마쓰자키 松崎

니시이즈의 조용하고 깨끗한 마쓰자키는 아담한 바닷가 마을이다. 나마코 가베가 유명한 길을 가로지르는 강을 따라 걷다 보면 바다와 만난다. 《세상의 중심에서 사랑을 외치다(世界の中心で 愛をさけぶ, 줄여서 흔히 '세카츄'라 부르는데, 우리나라식으로는 '세중사'가 된다.)》의 드라마 버전 배경이 된 것으로도 꽤 알려진 곳으로 '세카츄' 지지자들의 무한한 사랑을 받고 있다.

드라마는 보지 못했지만, 마쓰자키에 숨겨진 추억을 더듬을 수 있는 아름다운 산책길은 드라마에 담겨 있을 감성을 짐작하게 한다.

location & approach 마쓰자키는 시모다에서 토카이 버스로 50분이면 갈 수 있는 니시이즈의 작고 고요한 마을이다. 시모다 역 앞 플랫폼에서 도오가시마(堂ヶ島)행 버스를 타면 된다. 오가는 길의 중간에 들를 수 있는 우에하라(上原) 현대미술관에서 여유를 부려보는 것도 좋겠다.

local traffic 토카이 버스를 타고 이동한 이후에는 특별한 교통수단이 필요하지 않다. 마쓰자키의 깨끗한 거리를 걸어 다녀보자. 우에하라 현대미술관으로 가려면 마쓰자키 쇼각코(松崎小學校) 버스정거장에서 버스를 타고 아이타마(相玉)에서 내리면 된다.

key word 나마코 가베, 〈세상의 중심에서 사랑을 외치다〉, 히모노, 우에하라 현대미술관

taste 이즈 반도의 매력에 심취하여 더욱 다양한 이즈를 체험하고 싶은 그대들

the others '세카츄'에 열광했다면 마쓰자키는 더욱 특별한 여행지가 된다. 아직 드라마를 보지 못했다면 마쓰자키를 여행하기 전에 한 번 봐두는 것도 좋겠다. '세카츄' 촬영지 지도(219.165.117.1/loc_pdf/sekachu.pdf)

lodges information 니시이즈에서 가장 유명한 곳은 슈센지(修善寺) 온천 지역이다. 슈센지나 시모다 등 이즈의 다른 지역에 숙소를 정해두고 당일치기를 할 수도 있다. 마쓰자키 숙박 정보: www.town.matsuzaki.shizuoka.jp

마쓰자키 산책

마쓰자키 관광안내소에서 노닥거리고 있는 데 커다란 카메라를 든 젊은 남자가 불쑥 대화에 끼어들더니, '세카츄' 촬영지라며 아는 척을 한다. "그 영화는 시코쿠에서 찍은 거 아냐?" 나도 모르게 까칠하게 대꾸를 던져버린다. "영화는 시코쿠에서 찍었지만, 영화와 비슷한 시기에 함께 만들어진 드라마는 마쓰자키에서 찍었거든." 친절하게 되돌아온 설명에 조금 멋쩍다. 그렇구나, 드라마도 있구나. 일본인들은 특히나 드라마나 영화 촬영지를 찾아다니는 것을 좋아한다. 그 남자의 말에 의하면 영화보다 드라마의 영상이 훨씬 아름답고 시적이란다. 눈까지 지긋이 감아가며 설명을 늘어놓는 것을 보니 아무래도 세카츄 마니아인 모양이다.

나는 드라마로 만들어진 것이 있다는 것조차 몰랐기에, 마쓰자키에 가더라도 드라마에서 담아낸 감성을 찾기는 어렵겠지 싶으나, 어쩐지 마쓰자키가 낯설지 않게 느껴지며 보지도 못한 예쁜 영상에 대한 환상으로 그려진다. 괜한 기대만 키우는 건 아닌가 싶은 마음으로 마쓰자키에 들어섰다.

마코 가베가 줄지어 선 길 가운데를 흐르는 강은 바다와 만난다. 세카츄의 가장 큰 테마는 추억이 아닐까 싶다. 아득한 다리와 아담한 항구, 마을의 소소한 일상에 묻어 있는 누군가의 추억을 더듬으며 마쓰자키 산책을 이어간다.

일본의 작은 마을 _

마쓰자키는 회반죽을 격자모양으로 눌러 찍은 나마코 벽이 늘어선 길이 인상적인 조용한 마을이다. 마쓰자키의 나마코 가베는 방습과 풍설·풍우에 대한 내구력이 뛰어나 에도시대 말기에서 메이지시대에 걸쳐 이즈 지방에서 많이 이용했는데 아직도 세월의 흔적이 고스란히 남아 있다. 끊임없이 새 단장을 해 눈이 부시게 흰 회벽을 자랑하는 나마코 가베를 많이 봐왔기에 마쓰자키의 거뭇거뭇한 회벽이 오히려 신선하게 느껴진다.

일본의 작은 마을 _

우에하라(上原) 현대미술관

충동적으로 찾아간 우에하라 현대미술관은 생각보다 규모가 작다. 게다가 보고팠던 마티스의 그림은 대여 상태라 볼 수가 없단다. 대신 보는 순간 마티스임을 단번에 알아챌 수 있는 스케치가 한 점 있어 위안을 삼는다.

미술관의 셀프 라운지에서 녹차 한 잔을 만들어 정원이 보이는 창가에 앉아 선물 받은 도록을 들여다본다. 조용하고 여유롭고, 조금은 나른한 시간이다. 어둠이 깔리기 전에 버스정거장으로 돌아가고 싶어 그 시간을 멈추어야 하는 것이 못내 아쉽다.

평범하고 평온한 마을을 지나 도로변 버스정거장에 서니, 어둑한 기운이 조금씩 짙어지고, 하늘을 가로지르는 전신주 전선에 까맣게 자리를 잡은 까마귀가 눈에 띈다. 좁고 한산한 도로를 사이에 두고 버스를 기다리는 나와 손님을 기다리는 길 건너 주유소의 곱슬머리 아저씨 사이에 몇 차례나 눈인사가 오간다. 니시이즈로의 여행은 이렇듯 평온하게 흐른다.

《슬램덩크》의 배경이 된 마을
가마쿠라 鎌倉

가마쿠라에 이리도 매료되리라고는 꿈에도 몰랐다. 사찰과 신사가 가득한 800년 역사를 지닌 고도로 알려진 가마쿠라는 그저 경치가 조금 아름다울 뿐 고리타분한 유적지라고 생각했다. 그러나 가마쿠라에는 없는 것이 없다고 할 정도로 다채로운 곳이다. 에노덴의 낭만과 젊음, 예술과 문학, 현대적인 모습과 전통적인 모습이 한데 어우러진 가마쿠라의 아기자기한 매력은 에노덴을 타고 지나가는 좁고 예쁜 골목처럼 여기저기에서 튀어나와 눈앞에 펼쳐지곤 한다.

일본의 작은 마을 _

location & approach 가마쿠라는 도쿄에서 한 시간이면 쉽게 갈 수 있는 데다 요코하마와 함께 둘러보기에도 좋아 인기가 많은 여행지다. 가벼운 마음으로 가마쿠라를 다녀온 이들은 그 후로 꾸준히 이곳을 찾게 된다. 다채롭고 무한한 매력을 지닌 곳이다.

local traffi 버스 노선도 상당히 잘되어 있지만, 가미쿠라에서는 역시 에노덴을 타야 한다. 1일권 580엔.

key word 에노덴, 슬램덩크, 사찰과 신사, 문학관, 예쁜 카페와 레스토링

taste 쉽게 다녀올 수 있는 도쿄 근교 여행지를 찾는 그대들 누구라도 만족시킬 다채로운 곳이다.

the others 가마쿠라에는 사찰과 신사가 정말 너무 많다. 갈 때마다 한두 곳 정도를 돌아보는 중인데, 아직 뭐가 어디에 있는지도 잘 모를 정도다. 관심이 있는 곳을 정해서 둘러보는 것이 좋다.

lodges information 처음엔 동경에서 당일치기로 가거나 낮에는 가마쿠라, 밤에는 요코하마를 함께 둘러보는 경우도 있다. 그렇게 가마쿠라를 다녀게 된다면 아쉬움에 반드시 다시 찾게 될 터인데, 그때는 꼭 가마쿠라에서 묵어가기를 권한다. 가마쿠라는 다양한 숙소를 넉넉하게 갖추고 있으며, 관광안내소를 통하면 쉽게 예약할 수 있다. 그중 저렴하면서도 만족스런 숙소 두 곳을 추천한다. 레이디스 인 화이트 호텔 레디-스인 호와이트호텔 : 여성 전용, 가마쿠라 역 서쪽 출구 오니리도리, 1박 4,800엔부터, 빵과 요거트 등 간단한 조식 제공. ☎ 0467-22-4407, 가마쿠라 유스호스텔 : www1.kamakuranet.ne.jp/hase_yh/

가마쿠라 역 서쪽 출구
오나리도리의
개성 넘치는 가게들

가 마 쿠 라 의 골 목 길

가마쿠라에 처음 가던 날, 기타가마쿠라를 지나면서부터 보이는 창밖의 풍경에 홀렸던 그때 알았다. 가마쿠라를 사랑하게 될 것이라는 것을. 나의 가마쿠라 예찬은 그렇게 시작되었다.

가마쿠라의 첫인상은 근사한 역의 외관에도 불구하고 다소 산만하다. 동경 근교의 나름 유명한 관광지인 만큼 가마쿠라 역은 항상 북적이는 탓도 있지만, 역을 중심으로 복잡하게 뻗어 있는 길과 조잡한 상점들이 그런 인상을 부추긴다. 그러나 서쪽 출구의 왼쪽에서 시작하는 골목 오나리도리(御成道り)는 흥미롭다. 오래된 책과 레코드를 파는 가게(그러나 꽤 괜찮은 것들이 많다), 갖가지 소품가게, 빈티지 숍, 플라워 카페, 천연 효모를 사용하고, 심지어 직접 통밀을 갈아 만든 빵을 파는 빵집 등 좁은 길을 가득 메운 상점들은 저마다 개성이 넘친다.

가마쿠라 역 서쪽 출구에 오나리도리가 있다면 동쪽 출구에는 코마치도리(小町道り)가 있다. 이 골목은 선물용 기념품, 가마쿠라 특산품 등을 파는 크고 작은 상점들이 가득한데다, 길거리 음식을 비롯한 노점상까지 가세하니 오나리도리보다 훨씬 번잡스레 정신이 없다.

하지만 이 길에도 북적함을 벗어날 수 있는 조용한 카페나 레스토랑이 많고, 근대미술관도 있다. 사찰과 신사가 빽빽하게 표시된 가마쿠라 지도에서는 도저히 짐작할 수 없는 아기자기한 가마쿠라의 모습이다. 아름다운 경치 속에 역사와 유적을 품은 가마쿠라는 대단히 세련되고 다양화된 이미지를 가진 곳이다.

▲ 코마치도리의 조용하고 아담한 이탈리아 레스토랑
▼ 연못이 있는 아름다운 정원을 가진 현립근대미술관

소설가 나츠메 소세키의 흔적을 찾고 싶었던 곳, 가마쿠라 문학관

가마쿠라의 이름난 명소 중 단연 눈에 띄는 장소가 있으니, 바로 가마쿠라 문학관이다. 나쓰메 소세키의 소설 가운데 내가 가장 좋아하는 작품인 《코코로(心, 마음)》의 주인공과 선생님이 만나는 곳이 바로 가마쿠라 해변이다(실제 나쓰메 소세키는 가마쿠라 엔카쿠지를 자주 찾아 참선을 드리곤 했다).

널찍한 유이가하마 오도리에서 시작한 기분 좋은 산책은 문학관 코앞까지 이어진다. 흙냄새 풀냄새가 가득한 오솔길을 올라가면 장미가 만발한 정원에 둘러싸인 문학관이 나온다. 바다를 바라보며 늠름하게 서 있는 문학관은 시대별 작가들의 작품이 전시되어 있고, 연중 특별전도 활발하게 진행되는 모양이다. 한 가지 아쉬운 건 나쓰메 소세키는 사진 한 장이 있을 뿐, 기대했던 친필 문서라든가 《코코로》의 초판 등은 찾아볼 수 없었다는 점이다.

하세에서 유이가하마까지

문학관이 있는 유이가하마 역과 하세 역은 에노덴으로 한 정거장 거리로 매우 가까워 내친 김에 하세 역의 명물인 다이부쓰에도 들른다. 티켓이 실린 사진에서처럼 파란 하늘을 배경으로 앉아있는 옥색의 불상은 균형이 잘 잡혀 평온한 모습이다. 원래는 목조로 만들어진 불상이었으나, 훼손되어 청동으로 다시 만들어졌다는데, 옥색이 잘 어울린다.

유이가하마와 하세 지역을 산책하다보면 독특하고 세련된 집들이 많이 보인다. 이 집들만 둘러봐도 좋을 정도다. 심플하고 모던한 디자인에 자연 친화적이고 전통적인 소재들을 섞어놓은 건물들이 많다. 동경 근교에 위치한데다 바다를 끼고 있어 온화한 날씨와 풍광이 훌륭한 곳인 만큼 별장이 많다. 정년 후 도쿄에서 이주해온 실버 세대들, 예술가들이 많이 살고 있다더니, 과연 그런 모양이다.

파란 하늘을 배경으로 평온하게 앉아 있는 다이부쓰

스타일이 있는 라멘야

유이가하마와 하세 지역의 길을 다시 거슬러 가마쿠라로 돌아가는 길에 좋아하는 라멘집에 들러 한 그릇 먹고 간다. 하나비(花火, 불꽃놀이)라는 이름의 이 라멘집은 세 명의 젊은 남자들이 운영하는 곳으로 가게도 그들도 꽤 스타일이 있다.

깔끔하면서도 깊은 맛이 나는 라멘도 맛있지만, 분위기가 좋아 가끔 들르는 곳인데, 점심 시간과 저녁 시간에만 문을 연다. 하루를 마치고 숙소로 돌아갈 때는 피곤함에 에노덴을 탈 법도 한데, 유이가하마 오도리에는 재밌는 것들이 많아 걸어 다니기에 좋다. 오며가며 멋쟁이 젊은 남자들의 상냥한 서비스를 받으며 라멘도 한 그릇 먹을 수 있으니 좋지 아니한가.

하나비 라멘

추억과 낭만을 싣고 달리는 에노덴

가마쿠라 관광의 보너스와 같은 재미를 주는 노면 전차인 에노덴은 가마쿠라를 찾는 목적이 될 정도로 인기가 대단하다. 일본의 기차 마니아들이 열광하는 증기기관차와 더불어 추억과 낭만을 상징하는 기차이다. 초록색 장난감 같은 예쁜 전차는 자칫하면 벽에 스칠 것만 같은 좁은 골목들을 아슬아슬하게 누빈다. 게다가 그 좁은 골목들은 한결같이 너무 예쁘다.

좁은 골목의 벽 사이를 아슬아슬하게 지나가는 전차에 익숙해지고 나면, 가마쿠라 골목 풍경이 눈에 들어오기 시작하는데 이곳은 사람이 사는 곳이 아닌 것처럼 아기자기하고 예쁘다. 동화 속 같은 골목길을 지나면 전차는 드디어 바다를 배경으로 달리기 시작한다.

가마쿠라코코마에를 지나는 에노덴과 건널목

바 람 되 어 너 와 함 께 달 리 고 싶 어

나는 만화를 좋아하지 않으며, 농구보다는 야구를 좋아한다. 그럼에도 불구하고 《슬램덩크》는 내게 나름의 이유로 남다른 만화다. 열심히 넘겨대던 책장의 오래된 종이 냄새가 지금도 코끝에 맴돌 만큼 아련한 추억으로 남아있는 《슬램덩크》의 배경이 된 곳이 가마쿠라다.

에노덴을 타고 가마쿠라코코마에(鎌倉高教前) 정거장에 내리면, TV시리즈 《슬램덩크》의 오프닝과 똑같은 풍경이 펼쳐진다. 북산고(쇼호쿠코코) 농구부 녀석들도 소연이도, 모두들 타고 다닌 그 에노덴이다. 전차가 지나가고 바다가 보이는 건널목에 소연과 무리들이 서서, 이쪽 편의 백호를 향해 웃을 것만 같다.

학교로 가는 오르막에서 내려다본 바다, 정말 만화랑 똑같다.

일본의 작은 마을 _

학교를 중심으로 한쪽은 바다를 향한 언덕, 다른 한쪽은 주택가 마을로 이어지는 언덕이 펼쳐진다.

북산고의 배경이 되었던 가마쿠라코코의 아담한 교정은 적당히 활기차 보였다. 슬램덩크 숭배자들에게는 성지와도 같은 곳이기에 학교에서는 일반인의 출입을 통제하고 있지만, 운이 좋으면 친절한 선생님의 안내로 떳떳하게 구경할 수도 있다. 세면장도 보이고, 연습중인 야구부원들이 아무렇게나 벗어놓은 신발도 보인다(실제 가마쿠라코코는 야구부가 유명하단다). 학교 구경은 언제나 재미있다.

가마쿠라에 갈 때마다 이곳을 찾는다. 가마쿠라코코마에 정거장에서 에노시마 너머의 노을을 바라보고 있자면 '바람 되어 너와 함께 달리고 싶다' 던 《슬램덩크》의 주제가가 저절로 흥얼거려진다.

석양이 아름답기로 유명한 에노시마

#02

간사이(關西, Kansai)의 작은 마을

맛과 멋, 그리고 낭만이 있는 간사이

일본 사람들 중에서도 간사이 지방 사람들만 몰래 다닌다는 운치 있고 아담한 온천 마을 키노사키 온센을 경험한 감동이 아직도 생생하다. 하늘로 올라가는 용이라 불리는 일본 3대 절경 아마노하시다테, 네덜란드 수중가옥과 비슷한 후나야가 빼곡히 늘어선 독특한 정취의 이네, 소설 《고도(古都)》의 삼나무 마을보다 더 감동적이었던 키부네와 쿠라마, 그림으로 남기고 싶을 만큼 근사한 대나무 숲과 맛깔난 유도후가 있는 아라시야마. 천년 고도 교토의 숨결이 느껴지는 간사이 지방은 멋과 맛, 그리고 낭만이 가득하다.

하늘로 올라가는 다리
아마노하시다테 天橋立

아마노하시다테는 하늘에 걸린 다리, 하늘로 올라가는 용 등 여러 가지 이름으로 부르지만 나는 '하늘로 가는 다리' 라 부르길 좋아한다. 하늘로 가는 다리라는 지명을 가진 곳이라는데 더 이상 무슨 설명이 필요할까. 이곳은 '아마노하시다테' 라는 지명만으로도 엄청난 유혹에 빠지는 곳이다. 일본 3대 절경이라는 것은 거추장스러운 수식어에 불과하다.

location & approach 교토후(京都府)의 북쪽 탄고반도(丹後半島) 중간에 위치한 아마노하시다테는 기타킨키탄고센(北近畿タンゴ道)이 지나는 곳이다. JR이 연결되지 않기 때문에 JR패스를 소지하고 있더라도 기타킨키 구간에서는 별도의 요금을 내야 하며, 교토까지 직항선인 하시다테 특급(2시간)을 이용하더라도 구간 요금을 내야 한다. 교토에서 당일치기를 해야 하는 것이 아니라면, 기차를 몇 번 갈아타더라도 기타킨키탄고센을 타보자. '아마노하시다테로 가는 기차'라 부르는 기타킨키탄고센은 하늘로 이어지는 다리에 이르는 시작이나.

local traffic 역 바로 앞에서 출발하여 미을 구석구석을 누비는 버스와 아마노하시디테를 따라 바다를 건너는 보드를 이용할 수 있다. 버스 노선 등의 정보는 관광안내소(☎ 0772-22-8030)에서 얻는다.

key word 하늘로 가는 다리, 소나무 숲 모랫길, 사주(砂洲)

taste 담채화처럼 은은한 정취를 좋아하는 그대들

the others 아마노하시다테는 역사적으로도 상당히 의미가 있는 유서 깊은 곳이라고 한다. 특별한 관심이 있다면 절이나 신사를 중심으로 역사 투어를 해도 좋을 듯하다.

lodges information 역 바로 앞에도 호텔이 있는데다가 온천 지역으로도 알려진 만큼 온천을 함께 즐길 수 있는 리조트도 있다. 다만, 가격이 천차만별이니 원하는 가격대를 정해놓고 안내소의 도움을 받으면 된다.
아마노하시다테 유스호스텔: www5.nkansai.ne.jp/hotel/hasidateyh/, 1박 2,950엔, 석식 950엔, 조식 600엔

하늘로 올라가는 다리의 실체

아마노하시다테를 찾은 이유는 단 하나, 하늘로 가는 그 다리를 보고 싶어서다. 역에서 가까운 곳에도 전망대가 있지만 내가 묵었던 호스텔 바로 옆 카사마쓰코엔(傘松公園)에서도 다리를 볼 수 있기에, 호스텔에서 내려오자마자 공원에 들어선다.
다리가 보이는 파노라마 전망대는 공원의 꼭대기에 있고,

리프트나 케이블카(640엔)를 타고 올라가야 한다. 리프트는 혼자서 여유롭게 전망을 즐기며 올라갈 수 있지만 두 발이 완전히 공중에 뜬 상태로 의자에 앉아 두 줄에 의지해야 하는 데다 안전 보조 장치마저 허술해 보여 결국 튼튼하고 안전해 보이는 케이블카를 선택했다.

서서히 밝혀지는 아마노하시다테의 정체

케이블카를 타고 올라가는 동안 아득한 다리의 정체를 확인한다. 이 다리는 소나무가 울창한 숲으로 바다를 가로지르는 가늘고 기다란 사주(砂洲)였던 게다. 카사마쓰 공원의 단풍 너머로 원근감이 흐려진 바다와 산, 하늘, 그리고 신비로운 다리가 내려다보인다. 그러나 이 다리가 하늘로 이어지는지 어쩌는지는 잘 느껴지지 않는다. 조금은 우스꽝스럽고, 또 조금은 불편한 자세를 취해야만 비로소 이 다리가 어디로 향하는지 깨달을 수 있다. 양발을 어깨너비로 벌린 채 허리를 숙이고 두 다리 사이로 고개를 넣는 것이 기본 자세다. 전망대에 서면 너도나도 엉덩이를 들쳐든 모습을 볼 수 있다. 처음엔 어색하고 쑥스러워 망설이던 이들도 결국엔 그런 자세를 취해보지 않고는 배기질 못한다. 거꾸로 바라본 풍경에 매료되면 위치를 옮겨가며 자꾸만 엉덩이를 쳐들게 된다. 피가 쏠려 얼굴이 벌겋게 되는 줄도 모르고 빠져들게 되는 아득한 다리는 정말 하늘에 닿아 있다. 담채화의 감성을 담고 있는 풍경은 은은하지만 강한 임팩트를 준다.

하늘로 가는 다리

소 나 무 숲 그 늘 을 따 라 걷 다

구름을 뚫고 하늘로 올라가는 꿈속의 다리가 아니라는 것을 확인하고 난 후에도 하늘로 가는 다리, 아마노하시다테는 충분히 신비롭다. 아득하게 내려다보이던 그 다리를 걸어 보기로 하고, 카사마쓰 공원에서 내려와 바다를 향해 계속 내려가면 하늘로 가는 다리의 실체적인 입구에 다다른다. 하늘로 가는 다리는 바다를 건너 아마노하시다테 역으로 가는 지름길이기에 관광객의 산책로이기에 앞서 주민들에게 더 유용한 고마운 길이기도 하다. 그 소나무 숲길에 첫발을 내딛는다. 소나무가 우거진 숲 그늘길의 모랫길을 걸어보고 싶다. 눈앞에는 따가운 가을 햇살을 흩어놓은 소나무 숲이 펼쳐진다. 숨이 절로 크게 쉬어진다.

일본의 작은 마을_

가벼운 기분으로 산책을 하기에 더없이 좋은 코스로 한 시간이면 충분히 걸을 수 있다. 자전거를 이용하면 하늘로 가는 다리뿐만 아니라 주변 마을을 쉽게 돌아볼 수 있어서 좋겠지만, 뚜벅이의 장점도 많다. 무엇보다 놓치기 쉬운 작은 풍경에도 맘을 줄 수 있다는 것이 좋다.

길에 붙여진 이름처럼 이 길을 따라간다고 하늘에 이를 수 있는 것은 아니지만 우거진 소나무 숲과 탁 트인 해변을 넘나들며 걷다 보면 길의 끝에 하늘이 아닌 자유가 있는 듯하다. 그러나 이 아름다운 다리도 침식으로 인한 소멸과 소나무재선충 문제만큼은 자유롭지 않다. 그 점이 마음에 걸리지만 그 때문에 더 애틋하기도 하다. 하늘로 가는 이 다리는 언제 끊어질지 모르는 유한성마저 갖춘 셈이다. 더 늦기 전에 다리를 건너 하늘을 만나는 자유를 누려보는 것은 어떨까.

물 위에 떠 있는 집들을 따라 산책하는 바닷가 작은 마을
이네 伊根

후나야(舟屋)는 이네의 지형적 특성에서 고안된 전통적인 가옥 형태다. 1층은 선착장, 2층은 거주용 집으로 네덜란드의 수중가옥과 비슷하다. 이네만 5km에 걸쳐 230여 채의 후나야가 늘어선 모습은 흔히 볼 수 없는 독특한 정취를 자아낼 뿐만 아니라 여느 어촌 마을에서 흔히 볼 수 있는 훈훈함이 서려 있어 더욱 정이 간다. 후나야가 늘어선 이네를 걸어 다니며 마을을 구경하는 것은 한가롭고 나른한 일상처럼 자연스러운 가운데 잔잔한 재미가 곳곳에 숨어 있다.

location & approach 탄고반도에 위치해 아마노하시다테와 함께 돌아보면 좋으며, 아마노하시다테 역에서 출발하는 마을버스를 이용한대(아마노하시다테 교통편 참고).
local traffic 버스로 이동이 가능하다. 유람선(660엔, 30~40분 소요)으로 돌아볼 수도 있지만 시간을 내어 마을의 구석구석을 걸어 다녀야 진가를 발견할 수 있다.
key word 후나야, 유람선, 바닷가 마을
taste 특이한 전통 수상가옥이 늘어선 조용한 바닷가 마을을 걸어 보고 싶은 그대들
the others 5~10월이 성수기, 성수기 이외에 여행을 한다면 마을에서 영업을 하는 식당을 찾아보기 힘들다. 숙박을 할 계획이라면 미리 예약해두는 것이 좋고, 식사만 하기를 원한다면 전망대 공원 휴게소를 이용할 수 있다. 이네 버스정거장 앞의 항구에는 연중 영업을 하고 있는 복어 식당이 있다.
lodges information 아마노하시다테의 숙소에서 당일치기로 다녀오기 좋은 곳이지만, 이네의 후나야에서 묵을 수 있는 민슈쿠를 선택하는 것도 좋다. 단, 미리 예약을 해두는 것이 안전하다. 후나야 민슈쿠 ☎ 0772-32-0040

기분이 좋아지는 전망대 공원

일본의 작은 마을 _

전망대에서 내려다본 후나야

후나야노사토코엔(舟屋の里公園, 후나야의 고향 공원)은 산 위에 위치해 이네만의 후나야 군락을 내려다볼 수 있다. 공원 바로 앞 정거장(舟屋の里公園前, 후나야노사토코엔마에)에 내리면 꼬불꼬불 잘 다듬어진 진입로를 따라 공원으로 올라갈 수 있다. 그늘 없는 오르막이지만 초록빛에 취해 금세 전망대에 다다른다. 창창한 산세, 파랗고 푸른빛에 기분이 좋아진다.

전망대에서 바닷가 쪽으로 이어진 계단을 따라 내려가면 바로 앞에 이네어항(伊根漁港)이 있다. 바닷내가 한층 비려지는 것으로도 금방 느낄 수 있다. 후나야가 그려진 컨테이너, 어지럽게 늘어놓은 그물, 어슬렁거리는 까마귀, 작업이 한창인 어부……. 이네어항의 풍경은 한가로우면서도 치열하다.

한가로우면서도 치열한 이네어항

관광지의 유람선은 시시하다. 시답잖은 유람선을 타고 슬쩍 돌아본 후나야 마을의 진가는 마을을 걸어 다녀봐야 알 수 있다. 흔하지 않은 가옥 구조와 매일 수차례 마을의 뱃길을 돌아다니는 관광지지만 드러내놓고 시선을 끄는 것은 없다. 마을은 진짜 모습을 간직한 채 여행자를 맞는다. 소박한 일상이 가득한 거리다.

마을에는 후나야 민슈쿠가 있다. 바다 위에 누워 귓가에 바로 와 닿는 파도 소리를 들으며 잠이 들고, 아침에 잠에서 깨어나는 경험을 해볼 수 있을 것이다. 후나야에서의 하룻밤에 욕심이 난다. 이네에 다시 와야 할 이유가 생겼다.

독특한 수상가옥 후나야

여행자의 창, 그들에게는 삶의 터전

마을의 거리에 서면 후나야의 흔적은 찾을 수 없다. 선착장을 감추고 시침을 떼고 있는 후나야의 뒷모습만이 보인다. 다닥다닥 붙어서 교묘하게 시침을 떼는 후나야와 후나야 사이의 열린 공간은 바다를 향해 나 있는 창이다. 여행자에게는 창이 되는 이 공간이 주민들에게는 삶의 터전이다. 그늘진 거리보다 햇살이 잘 들어오는 이곳에 빨래를 널기도 하고, 오징어나 생선을 말리기도 하고, 가을이면 예쁘게 깎아둔 감을 껍질과 함께 걸어두기도 한다. 이 마을에서는 당연하고 의례적인 광경이지만 여행자에겐 아기자기한 감동이다. 하얗게 드러난 오징어에 부딪혀 반사되는 햇살처럼 눈부시고 따사로운 감동이다.

오징어, 감을 널어 말리는 창 _ 이네 마을의 전형적인 모습

이네 마을의 빨간 등대

크고 작은 볼거리가 가득한 이네 마을을 걷는 것은 보물상자를 뒤지는 기분이다. 아무렇게나 내다놓은 쓰레기봉지 하나까지 흥미롭기만 한 이 길을 따라 걷다 보니 어느새 빨간 등대가 보인다. 유람선에서 바라보던 빨간 등대에 '땡' 손을 짚은 후에야 아쉬운 발걸음을 돌린다.

갔던 길을 거슬러 가며 다시 만난 거리에서 아까 놓쳐버린 보물들을 주워 담으며, 이네의 보물들이 사라지지 않기를 바란다. 마침 새로 짓고 있는 후나야를 발견한다. 마을에 끝을 댄 채, 변하지 않을 바다를 향해 있는 어선도 보인다. 사라지지 않을 이네의 풍경이다.

일본의 작은 마을_

깊은 산속 사찰 마을
코야산 高野山

전면이 산으로 둘러싸인 해발 1,000m 사찰 마을로 가는 길은 그 길마저도 온통 산이다. 산속을 달리는 기차를 타고. 가파른 레일을 따라 케이블카를 타고 올라가야 하는 첩첩산중에 있는 수많은 사찰.
그 가운데 한 곳을 골라 사찰음식을 먹으며 하룻밤을 묵어갈 수 있다. 이른 새벽 첫 참선으로 하루를 시작하는 사찰에서 맞는 아침은 엄숙하다.

location & approach 코야산은 간사이 남쪽 키이반도 중북부의 고원지대로 오사카 난바 역에서 난카이센으로 1시간 30분~2시간가량 소요되며, 요금은 케이블카 비용을 포함하여 1,230엔 정도다.

local traffic 코야산 역과 마을을 이어줄 뿐만 아니라, 마을 안에서도 먼 거리를 이동할 때는 유용하게 이용할 수 있는 것이 버스다. 코야산의 보물을 둘러보는 코스는 7시간이 소요되는 종교적 기본 코스와 6시간이 소요되는 예술적 코스, 5시간이 소요되는 가족코스로 구분되어 있다. 코야산 중앙안내소(☎ 0736-56-2616~2617)에서 자전거를 대여할 수 있는데 예약이 필요하다. 요금은 1시간에 400엔, 30분 연장마다 100엔씩 추가된다.

key word 산속 사찰 마을, 슈쿠보, 쇼진료리, 진언종

taste 불교신자가 아니더라도 일본의 문화로서 불교를 느껴보고 싶은 그대들

the others 삼림욕을 즐길 수 있어 더위를 피할 수 있는 여름철에 특히 인기가 많다. 매년 6월 15일과 8월 13일에 축제가 열린다.

lodges information 코야산은 인기가 많은 마을이기 때문에 특별히 원하는 슈쿠보를 고르고 싶다면 예약은 필수다. 코야산 슈쿠보 정보 : www.shukubo.jp/eng/05_syukubo.html ☎ 0736-56-2616~2617, 숙박료 10,000~13,000엔, 석식과 조식 포함

산으로 산으로
코야산으로 가는 길

두 량짜리 완행열차를 타고 산속 철길을 달리는 동안 휴대폰의 안테나는 종종 갈피를 잡지 못한다. 난카이 코야센의 종착역인 고쿠라바시는 전파마저 쉬이 뚫고 들어오지 못하는 곳이다. 코야산은 이곳에서 다시 케이블카를 타고 올라가야하는 더 깊은 산 속에 있다. 도를 닦으러 가는 발걸음은 아니지만 어쩐지 바람직한 기운이 느껴진다. 절들만 모여 있는 곳이라니. 휴대폰도 사용할 수 없는 곳에 틀어박히는 모양이라는 걱정은 제쳐두고 우선은 기대감에 부풀어 마을에 들어선다. 그러나 코야산은 예상보다 번화한 곳이다. 언제부터인지 휴대폰의 수신 안테나도 빵빵하게 잡히고 있다.

전파마저 차단하고,
산 위에 있는 코야산으로 가는 길

슈쿠보의 정갈한 저녁상과 아침상

슈쿠보(宿坊)에서 쇼진료리를 맛보다

코야산 여행의 핵심은 슈쿠보에서 하룻밤을 보내는 것이다. 코타츠 전원을 켜 빗길에 지친 몸과 맘을 녹인다. 따뜻한 차도 한 잔 마시고, 목욕까지 마치니 어느새 창밖은 깜깜하다. 비 때문이기도 했지만, 일단 슈쿠보에 짐을 풀고 나니 바깥 동네는 잊어버렸다. 마을 산책은 내일로 미뤄두고 주구장창 슈쿠보에 들어앉아 온기를 느낀다. 이런 시간은 코야산에서 꼭 누려야할 시간이다.

슈쿠보들은 매일같이 투숙객을 맞고 있지만 동시에, 사찰로서의 기능과 역할도 유지해야 하기에 식사 준비에서 청소에 이르기까지 모든 것을 스님들이 직접 한다. 저녁 시간에 방으로 상을 내어 온 사람도 스님이다. 코야산 슈쿠보의 매력은 쇼진료리(精進料理, 정진요리, 쉽게 말해 절밥)가 정갈하게 오른 밥상 위에도 소담스레 담겨있다.

비가 갠 아침 마을 산책

슈쿠보에서 아침을 여는 것은 6시에 시작하는 아침 법회다. 의무적으로 참석해야 하는 것은 아니며, 참석을 원할 때는 유카타 차림은 곤란하니 제대로 된 옷을 갖춰 입는 것이 좋다.

촉촉한 공기에는 흙냄새가 잔뜩 배어 있고, 물기를 머금은 마당은 비질 소리를 더욱 풍부하게 했다. 맑게 갠 파란 하늘이 아니어도 좋지 아니한가. 산책을 나선 길바닥에 떨어진 단풍잎도 빗물에 젖어 더욱 선명하게 보이고, 모노톤의 흐린 하늘을 배경으로 붉은 단풍나무는 더욱더 강렬해 보인다.

코야산 산책길에 들러볼 만한 곳은 역시나 사찰이다. 일본 어디를 가나 쉽게 볼 수 있는 것이 사찰과 신사인데 사찰과 신사는 입구에서부터 두드러지는 차이가 있다. 신사 입구에 '하늘 천(天)' 자를 형상화한 도리이가 세워져 있다면, 사찰의 입구에는 고풍스런 문이 있다.

10리가 넘는 코야산의 산책길에는 200여 개의 국보급 문화재를 포함해 4만 개가 넘는 문화적 가치를 지닌 보물이 남아있다. 보물들을 따라가는 산책길에는 청명하고 시원한 공기마저 가득하니 이 자연 또한 코야산의 보물이다.

고풍스러운 사찰의 모습과 어우러진 산책길

내가 가장
오랜 시간을 보낸
다이몬

코야산은 사찰 마을인 만큼 불교적 분위기가 가득하다. 불교와 무관한 사람에게는 그다지 특별할 것이 없는 여행지일 수도 있을 것이다. 그럼에도 불구하고 코야산을 찾은 이유는 일본의 불교를 종교가 아닌 문화로 이해하고 받아들이기 때문이다. 그런 점에서 코야산은 구미가 당겨 마음이 동하는 여행지다. 일본의 불교는 종교라기보다 문화이고 학문이라 하겠다.
계절마다 다른 느낌, 쉰 개가 넘는 슈쿠보, 저마다의 다른 분위기를 생각할 때 코야산은 다시 찾고픈 곳이다. 내려갈 시간이 되어서야 먹구름을 걷고 파란색을 드러낸 하늘 아래 아쉬움을 남겨둘 수밖에.

일본의 작은 마을 _

삼나무 향 가득한 마을
키부네貴船와 쿠라마鞍馬

키부네와 쿠라마는 삼나무에 둘러싸인 마을이다. 가와바타 야스나리의 소설《고도(古都)》속에 등장하는 삼나무 마을보다 북쪽으로 더 올라간 마을들이지만, 여행하는 내내 삼나무를 닮은 소설의 여주인공 치에코가 떠오른다. 소설 속에서 치에코가 그랬듯이 삼나무의 쭉쭉 뻗은 멋진 모습을 바라보면 마음까지 후련해진다. 나 역시 단풍보다 삼나무가 그립다.

location & approach 교토 시내에서 에이잔 덴샤(電車, 전차)를 타고 30분이면 키부네나 쿠라마에 도착할 수 있다. 에이잔센의 종점이 쿠라마, 바로 그전이 키부네구치다. 특히 에이잔센이 지나는 철길은 단풍나무 터널을 비롯한 단풍 명소로 유명하다. 요금은 데마치야나기(出町柳) 역에서 키부네구치 역까지 410엔.
local traffic 키부네구치에서 키부네진자까지는 버스를 타고 이동해야 한다(160엔). 쿠라마데라, 쿠라마 역, 쿠라마 온센 등은 도보 이동이 충분히 가능한 거리에 모여 있으나, 쿠라마 온센에서 운행하는 무료 셔틀버스가 온센과 역을 오간다. 키부네에서 쿠라마는 전철로 3분 거리이지만 키부네진자 앞에서 쿠라마데라로 넘어가는 산길 하이킹 코스(200엔)는 1시간 정도 걸린다.
key word 삼나무, 산길 하이킹, 요시츠네, 온센
taste 산길 하이킹 후 삼나무에 둘러싸인 노천탕에서 휴식을 취하고 싶은 그대들
the others 여름철이라면 키부네가와에 펼쳐진 평상 위에서 점심을 먹는 것도 좋겠다.
lodges information 온센은 노천탕만 이용할 경우 1,100엔이나 수건 등이 제공되지 않는다. 실내 시설을 이용할 수 있는 1일 티켓은 2,500엔이며, 숙박은 1인당 17,000엔(2인 기준, 1박)이다. 석식이 포함된 세트는 3,000~5,000엔 정도.

키부네진자(貴船神社) 가는 길

키부네진자로 올라가는 길옆에는 키부네가와(貴船川)가 흐른다. 강이라 하기에는 좁은 데다가 물이 너무 없다. 어디나 가물어서 걱정이다. 강가에 즐비한 식당들이 풍기는 달짝지근하고 맛있는 냄새는 빈약한 강물에 대한 보상처럼 느껴진다. 냄새를 따라 올라가니 금방 키부네진자 입구의 빨간 도리이가 나타난다. 도리이를 통과하면 키부네진자의 상징이라고도 할 수 있는 빨간 등이 세워진 계단이 나온다. 밤에 불을 밝혀놓으면 더 예쁠 것 같기도 하고, 빨간 색이 선명한 한낮이 더 예쁠 것 같기도 하다. 빨간색 도리이를 지나 빨간색 등불 계단을 따라 올라갔다가, 다시 그 빨간색을 따라 내려오는 곳이 키부네진자다.

빨간색 도리이와 등불 계단

쭉쭉 뻗은 삼나무와 나무뿌리의 길

험난한 산길 하이킹

키부네진자를 나와 본격적인 하이킹에 나서기로 한다. 하이킹 코스는 모두 산길인데 줄곧 오르막이다. 숲에서 스윽 하는 소리가 나기에 돌아보니 눈앞에 사슴인지 고라니인지 세 마리나 떡 하니 버티고 있다. 곰이나 뱀 같은 건 없을라나. 오르막에 지쳐서인지 겁에 질려서인지 다리가 후들거린다.

산길에는 온통 삼나무다. 일본인들에겐 알레르기를 일으키는 다소 성가신 나무인지 모르겠으나, 쭉쭉 뻗은 삼나무의 기운은 꽤 그럴듯한 것이기에 나는 삼나무를 좋아한다. 좋아하는 나무에 둘러싸여 심호흡도 한 번 하고, 가져온 간식거리를 축내며 쉬어가는 덕분에 힘이 난다.

안개가 자욱했던 삼나무 길

산길을 벗어나 쿠라마데라(鞍馬寺)로

안개가 자욱한 삼나무 숲의 내리막길을 벗어나자 드디어 쿠라마데라의 지붕이 드러난다. 쿠라마데라는 헤이안시대 말기부터 가마쿠라 막부시대 초기를 풍미한 비운의 무장 미나모토노 요시쓰네가 유년기를 보낸 곳으로 유명하다.

요시쓰네는 드라마나 소설, 심지어는 만화에까지 자주 등장하는데, 출생부터 젊은 나이로 생을 마감할 때까지 그의 인생이 너무나 드라마틱해 영혼이 죽지 않고 바다를 건너 칭기즈칸이 되었다는 전설이 있을 정도로 일본인들이 추앙하는 인물이다. 요시쓰네를 알고 있는 덕분에 내 눈에 쿠라마데라는 조금 더 특별해 보인다.

드디어 모습을 드러낸 쿠라마데라
산길을 헤치고 올라온 보람을
톡톡히 느끼는 순간이다.

일본의 작은 마을 _

고풍스런 옛 집을 배경으로 끝이 보이지 않게 뻗어 있는 좁은 거리

삼나무가 가득한 마을 쿠라마(鞍馬)

《설국》으로 유명한 가와바타 야스나리의 소설 가운데 《고도(古都)》라는 작품이 있다. 소설 속에서 쿠라마가 가을에 등장하는데, "쿠라마 불 축제는 비용 문제로 한 해 거르게 되었지만 대나무치기 행사는 그대로 진행되었다"라며 잠깐 언급되어 있다.
《고도》의 삼나무 마을은 '기타야마'의 스기무라 마을로 설정되어 있지만, 쿠라마를 여행하는 내내 《고도》의 삼나무 마을을 떨칠 수가 없다. 삼나무가 가득한 쿠라마에서 삼나무를 닮은 소설의 여주인공 치에코가 느껴져, 쿠라마는 내 맘대로 《고도》의 삼나무 마을이 되어버린다.
쿠라마는 쿠라마데라 아래에 형성된 전형적인 몬젠마치(門前町, 신사나 절의 문 앞에 형성된 마을이나 거리)로, 쿠라마데라 앞에서부터 이어지는 좁은 거리는 양옆의 고풍스런 옛 집을 배경으로 끝이 보이지 않게 뻗어 있다.
좁지만 정갈하게 뻗은 길에는 잉어가 돌아다니는 수로도 있다. 관광객을 반기는 알록달록한 안내판이 있는가 하면, 너무나도 단아한 회분으로 단장한 나지막한 집들도 있다. 마침 대나무를 어깨에 얹고 지나가는 마을 사람이 보인다. 쿠라마의 가을 대나무치기 행사는 지금도 계속되고 있는 것인지 모르겠으나 쭉쭉 뻗은 삼나무 숲 아래 마을에서 대나무를 옮겨가는 풍경은 정말 소설 속에 들어와 있는 듯 착각을 하게 한다.

삼나무 숲 속에서 즐기는 노천탕

골목을 따라 계속 마을 안으로 들어가니 안개가 자욱한 먼 산을 배경으로 쿠라마 온센이 나타난다. 쿠라마 역에서 무료 셔틀버스를 이용할 수도 있지만 마을 구경도 할 겸 걸어가는 것도 좋다. 10분 남짓 거리라 충분히 걸을 만하다.

로텐부로로 올라가는 계단의 양옆에도 삼나무가 빼곡히 들어서 있더니, 탕도 온통 삼나무에 둘러싸여 있다. 삼나무 숲 속에서 즐기는 노천탕이다. 물이 약간 뜨거운 편이어서 겨울철이면 더 좋을 것 같다.

온센에서 운행하는 셔틀버스는 쿠라마 역에서 출발하는 에이잔 덴샤의 시간에 맞춰 운행된다. 어둠이 깔리기 시작한 마을을 버스를 타고 지나치니 삼나무로 둘러싸인 쿠라마의 골목에 남겨둔 아쉬움이 더욱 짙어진다.

노천탕으로 올라가는 계단도 삼나무로 빼곡하다.

절 앞이라 그런지 쇼진료리를 파는 식당들도 더러 보이는데, 식당은 주로 절에서 역으로 가는 내리막길에 몰려 있고, 마을 안으로 들어선 길에는 료칸들이 즐비하다. 그 길에서 다소 생뚱맞아 보이는 작은 카페를 발견하고는 반가운 맘에 들어선다. 교토에서 사온 간식거리들 덕분에 배는 전혀 고프지 않았지만 커피는 딱 필요한 타이밍이다.
오가닉 카페라는 수식을 단 '오로라(Aurora)'라는 카페에 들어서니 아로마 향이 가득하다. 커피와 쿠키 세트(525엔)을 주문해놓고, 정원이 보이는 다다미 방 좌식 소파에 기대어(거의 눕다시피) 풀어진 다리를 쉬어간다. 버터 맛이 짙은 쿠키와 크레마가 환상적인 커피에 소프트한 클래식까지 어우러진다. 시골만 돌아다닌 지 3일 만에 누리는 호사스런 시간이다. 이곳이 정녕 교토 외곽 시골, 어느 유명한 절 앞인지 갑자기 개념이 모호해진다. 아마도 카페란 곳은 전 세계 어디에 있든지 간에, 지금 나의 위치를 잊게 하는 희한한 장소인 것 같다. 때마침 정원에 햇살이 들어온다. 힘겹게 오르던 산길 하이킹 코스는 꿈인 듯 멀어져간다.

대나무와 이끼, 그리고 유도후
아라시야마 嵐山

관광객으로 북적이는 대로변을 잠시 참아낼 수 있는 인내심을 갖고 있다면 한적한 아라시야마를 충분히 누릴 수 있다. 큰길에서 조금만 안으로 들어서면 하늘도 가려버린 키가 큰 대나무들이 서로 맞닿은 대나무 숲 산책로를 만날 수 있다. 그리고 운치 있는 철길 2개를 건너고 나면 소박하고 평범한 보통 시골 마을의 풍경이 이어진다. 유명한 절들이 줄지어 선 언덕길은 그림으로 남기고 싶을 만큼 근사하다. 그 길의 어느 구석에 널찍하게 자리를 잡은 유도후 식당에서 정갈한 상을 받아 들고 앉으니 이 여유를 어디다 비할지 모르겠다. 오로지 유도후를 즐기는 맛과 멋을 찾겠다는 생각으로 찾아간 아라시야마의 산책로는 놓치기 아까울 만큼 예쁘다.

location & approach 교토 외곽에 위치한 아라시야마로 가는 방법은 여러 가지다. 28번과 11번 버스나 전차를 탈 수도 있고, JR 산인센(사가노)도 닿아 있다. 그중 가장 재미난 교통수단은 란덴(嵐電)이라는 애칭의 노면전차다. 지조오인의 이끼 정원으로 가려면 아라시야마에서 코케데라로 가는 63번, 73번, 83번 버스(270엔, 교토 티켓 사용 불가, 간사이 패스는 사용 가능)를 이용한다.

local traffic 아라시야마에서 사가노에 이르는 지역은 쾌적한 하이킹 코스다. 별도의 교통수단은 필요하지 않으며, 코케데라 쪽으로 이동하고 싶을 경우엔 버스를 이용한다. 또한 관광안내소에서 자전거를 빌릴 수 있다.

key word 유도후, 대나무 숲길, 이끼정원, 사찰

taste 관광객들로 북적이는 대로변을 견뎌내면 누릴 수 있는 한적한 산책로와 유도후에 구미가 당기는 그대들

the others 두부를 먹기 위해 찾아간 곳이지만 유서 깊은 사찰들이 많이 모여 있는 곳이기도 하므로 관심이 있다면 공부를 해두는 것도 좋다.

lodges information 특별히 숙박시설이 눈에 띄지는 않는다. 교토에서 숙박하며 당일치기로 다녀가는 것이 좋다.

아라시야마를 대표하는 대나무 숲길

푸르고 시린 대나무 숲길

텐류지(天龍寺) 뒤, 노노미야진쟈(野宮神社)에서 오코치산 소(大河內山莊)에 이르는 차쿠린노미치(竹林の道, 대나무 숲길)은 아라시야마를 대표하는 이미지로 알려져 있을 정도로 유명세를 떨치고 있는 길이다. 푸르고 시린 이 길은 분명 무척이나 운치가 있는 길이지만 호젓함을 누리기엔 몰려든 관광객이 너무 많다.

거리를 구성하고 있는 배경 하나하나가 자연과 조화를 이룬 조용한 시골 마을 풍경

오히려 이 길을 벗어나 철길을 건너면 나타나는 평범한 시골 마을의 풍경이 훨씬 특별해 보인다. 언덕길을 오르는 것만으로도 볼거리는 충분한 길이다. 대나무를 비롯한 여러 나무들이 섞여 있는 근사한 산이며, 들꽃, 목재가 두드러지는 단정한 집들, 사가노 지방에 남아 있는 흔치 않은 이엉지붕을 잎은 초가집에 이르기까지 거리를 구성하고 있는 배경들은 퍽 다양하며 잘 어울린다. 역 주변의 북적임은 간 데 없고 영락없는 시골 언덕길이 이어지는 조용한 마을이다.

지조오인의 이끼 정원

이끼가 가득한 정원

아침 일찍부터 서둘렀던 덕분에 시간 여유도 있고, 모처럼 아라시야마까지 나왔으니 근처를 조금 더 둘러보기로 한다. 아라시야마에서 멀지 않은 곳에 유명한 코케데라(苔寺, 이끼 절)가 있는데, 이 절의 이끼 정원은 반드시 사전 예약과 기부(3,000엔)를 해야 하는 등 규칙이 까다롭다. 대신 코케데라에서 가까운 지조오인(地藏院)의 이끼 정원이나 둘러볼 심산으로 버스를 탄다.

휑한 공터 같은 버스 정류장에 내려서 오른쪽 길로 접어들면 지조오인으로 향하게 된다. 입장료(500엔)를 내고 들어선 지조오인은 초록빛 이끼로 뒤덮인 축축한 기운이 가득하다. 코케데라의 정원이 얼마나 근사한지는 모르겠지만, 지조오인의 정원도 조용하고 아담해서 좋다. 이끼 정원을 바라보며 하염없이 앉아 있을 수 있는 마루에 머무는 동안 꽤 여러 명이 다녀간다. 나름 방문자의 발길이 끊이지 않는 곳인가 보다. 최고가 아니어도 좋지 아니하냐며, 지조오인은 여유를 부리고 있는 듯 보인다.

이끼 정원을 감상할 수 있는 마루

교토 사람들이 최고로 치는 아라시야마 유도후
섣달그믐 밤 아라시야마 산중턱에 올라 먹는 뜨끈한 유도후는 최고의 맛이다.

일본의 작은 마을_

식당 바닥에 화로가 늘어서 있다.

유도후를 먹으러 가는 길

섣달그믐 밤은 아니지만, 유도후의 맛과 멋을 누리려 아라시야마에 왔다. 애초에 아라시야마 여행의 목표는 유도후였다. 시골 마을 언덕의 조용한 구석에 위치한 한적한 사찰인 기오오지(祇王寺) 뒤편에 너른 뜰을 가진 유도후 집이 맘에 들어 들어섰다. 식당 내부에는 쭉 펼쳐진 다다미 바닥에 화로가 자리 잡은 나무판들이 줄줄이 늘어서있다.

화로에는 당연히 주인공인 유도후가 올려진다. 유바(湯葉, 콩물을 끓일 때 생기는 막을 걷어낸 것), 토로로(마) 갈아놓은 것, 나마부(生麩, 밀기울) 꼬치, 밥, 코오노모노(香の物, 채소 절임)가 곁들여져 총 6품(2,500엔)이 된다. 8품(3,000엔)은 여기에 고마토후(ごま豆腐, 참깨두부), 간모도키(がんもどき, 으깬 두부에 채소 등을 넣어 튀긴 것), 아에모노(あえ物, 초무침)가 더 나온다. 5품(2,000엔)에는 유바, 고마토후, 밥, 코오노모노에 유도후가 함께 나온다. 정갈하게 차려진 상만 보아도 배가 부른 것 같다. 하나같이 정성이 묻어나는데다 단정한 상차림까지 갖추었으니 더 바랄 것이 없다.

데워진 두부를 그릇에 덜어놓고, 냄비 가운데 구멍에 담겨진 육수를 조금 부은 다음, 기호에 따라 네기(파)와 쇼유(간장)를 적절히 섞어 먹는 유도후는 화로에 올려 계속 뭉근히 끓여가며 먹을 수 있어 마지막까지 따뜻해서 더 맛있다.

간사이 사람들만 몰래 찾는 비밀의 온천 마을
키노사키 온센 城崎温泉

키노사키 온센은 간사이 지방 사람들만 몰래 몰래 다닌다는 아담한 온천 마을이다. 이 마을의 자랑거리는 여기저기 자리 잡은 7개의 대중온천탕을 돌아다니며 온천욕을 즐기는 소토유(外湯, 대중탕) 메구리다. 아주 크지도 너무 작지도 않은 딱 적당한 규모의 마을에는 마루야마가와(円山川)가 흐르고, 10개가 넘는 아치형 다리 위에 버드나무가 드리워져 운치를 더한다.

밤이면 촛불을 밝혀 더없이 낭만적인 분위기를 연출하는 키노사키 온센의 밤거리에는 뜨끈한 온천욕을 즐기고 료칸으로 돌아가는 이들의 게다 소리가 울려 퍼진다.

location & approach 키노사키 온센은 간사이 효고켄(兵庫縣)에 있다. 교토, 오사카에서 직행열차를 타면 3시간이 채 걸리지 않으며, 간사이 내에서 이동도 꽤 편리하다. 그러나 다른 곳에서 이동하려면 열차를 여러 번 갈아타야 하는 등 이동이 다소 불편하다.

local traffic 마을 끝에서 끝까지 걸어서 30분이면 갈 수 있는 작은 마을이기 때문에 특별한 교통수단은 필요하지 않지만, 료칸 안내소에서 자전거를 대여할 수 있다.

key word 온천 마을, 소토유 메구리, 게 요리, 료칸

taste 아담한 마을에서 온천을 즐기고 싶은 그대들

the others 게 요리를 좋아한다면 제철인 겨울이 좋겠다. 게 요리가 아니더라도 뜨거운 로텐부로는 겨울에 즐겨야 제대로다.

lodges information 특별히 원하는 료칸이 있는 것이 아니라면, 마을에 도착해서 역 앞의 료칸 안내소의 도움을 받으면 된다. 주말이나 휴일 등 예약이 많을 것으로 예상되는 날에는 미리 예약을 하는 것이 좋다. 료칸 마카야처럼 의미 있는 곳에서 묵고 싶다면 예약은 필수이며, 니시무라야는 마을에서 가장 훌륭한 료칸으로 이름 나 있으므로 역시 예약을 하는 것이 좋다. 예약을 해두면 역에서 픽업 서비스도 받을 수 있다.

키노사키 온센 료칸 : www.kinosaki-web.com, 료칸 안내소 : ☎ 0796-32-4141, 료칸 미카야 : ☎ 0796-32-2031, 1박 2식 15,000엔부터, 료칸 니시무라야혼칸 : ☎ 0796-32-2211, 1박 2식 28,000엔부터

일본의 작은 마을 _

소박한 강 위에 놓인
운치 있는 다리들

키노사키 온센은 교토, 오사카 서쪽의 효고켄 북쪽에 있는 작은 마을이다. 간사이에는 유명한 온천이 많아서 전국에서 몰려드는 온천족들로 북적이지만, 정작 간사이 사람들이 즐겨 찾는 곳은 키노사키 온센이란다. 그것도 소문나지 않게 쉬쉬 하면서 말이다.

역에서 이어지는 길이 끝날 즈음 신호등을 건너면 길의 오른쪽에 흐르던 마루야마가와에서 갈라진 지류가 왼쪽으로 뻗어나가는데, 그 물줄기를 따라 키노사키 온센 마을이 예쁜 모습을 드러낸다.

폭이 좁고 잔잔한 강의 지류 위에 세월의 흔적을 느낄 수 있는 아치형 석조 다리가 줄줄이 늘어서 있고, 그 위에 버드나무 가지가 드리워진 운치 있는 모습 뒤로 단풍을 입은 산들이 감싼 마을은 더없이 아늑해 보인다.

미루야마가와의
운치 있는 석조 다리

섬세한 정성, 로맨틱한 키노사키의 밤

마을의 운치 있는 강은 밤이 되면 깜짝 놀랄 만큼 예뻐진다. 강둑을 따라 밝혀둔 은은한 등불은 누구라도 사랑할 수 있을 것 같은 로맨틱한 분위기를 만든다. 가까이 다가가서 보니 이 등불의 정체는 촛불이다. 스위치만 한 번 누르면 일괄적으로 간단하게 켤 수 있는 등불이 아니라, 일일이 돌아다니며 불을 붙여야 하는 촛불이다. 끝에서 끝까지를 걸어가는 데 30분이면 충분할 정도로 작은 마을이지만, 이렇게 하나하나 초에 불을 붙인다는 것은 보통 일이 아니다. 그 정성과 섬세한 애정이 느껴져 키노사키의 로맨틱한 밤은 살 떨리게 아름답다.

로맨틱한 등불의 정체는 촛불이다.

유카타에 하오리를 걸치고, 소토유 메구리

소토유(外湯)는 개별적인 료칸에 속해 있는 것이 아니라 외부에 따로 만들어놓은 대중탕인데, 이 작은 마을에는 7개의 소토유가 있다. 료칸 투숙객은 대중탕 쿠폰(공짜)을 가지고 소토유들을 돌아가며 경험할 수 있다. 마을을 돌아다니며 소토유 순회를 하는 소토유 메구리는 키노사키 온센의 상징이다.

야나기유는 키노사키 온센에서 가장 규모가 작은 소토유다. 외관도 소박하기 그지없다. 모두들 더 새롭게, 더 크게, 무시무시할 정도로 변신을 거듭하는 와중에도 꿋꿋하게 버티는 야나기유는 지조 있고 엄격하다. 탕의 규모도 아주 작은데, 대신 북적이지 않아서 좋다. 아담한 탕의 온천수는 대단히 뜨겁다. 키노사키 온센 가운데 가장 뜨거운 듯싶다. 탕에 들어서는 순간 모두들 "아쯔이(熱い, 뜨겁다)!!"를 외친다. 야나기유는 '가장'이라는 수식어가 많이 붙는 곳이다. 규모가 가장 작고, 물이 가장 뜨겁고, 그리고 내가 가장 좋아하는 곳!

옛 구조를 그대로 유지한 고풍스런 천장, 소박한 외관의 야나기유

마을 깊숙한 곳, 그것도 큰 길이 아닌 골목 안 조용한 곳에 자리 잡은 만다라유(まんだら湯)도 야나기유처럼 전통적인 분위기가 넘치는 곳이다. 원통형의 나무 욕조가 있는 로텐부로가 있어 그런 분위기는 한층 고조된다. 만다라유도 최근에 리노베이션을 했다는데, 기존의 분위기는 유지하려 애쓴 흔적이 보인다.

전통의 분위기가 넘치는 만다라유

만다라유에서 가까운 코노유(鴻の湯)는 키노사키 최초의 소토유다. 황새가 병을 치료하기 위해 늪지에서 목욕을 했다는 전설이 전해지는 곳으로, 욕탕의 이름도 황새(鴻)에서 따온 것이다. 대나무 숲을 끼고 있는 조용한 로텐부로는 자연을 만끽할 수 있으나 물은 좀 뜨거운 편이라 한겨울 밤이면 더 좋을 곳이다.

고쇼노유(御所の湯)는 가장 최근에 생긴 소토유로 현대적이고 편리하면서도 자연을 벗할 수 있어 거부감이나 이질감이 생기지 않는다. 온천수 사우나가 특히 좋고, 앉아 쉴 수 있는 의자에도 온천수가 흐르는 등 흥미로운 곳이다. 로텐부로도 갖추고 있어서 오래도록 머물며 느긋하게 즐기기에 좋다.

으리으리하게 지어놓은 이치노유(一の湯) 건물의 내부는 대단히 현대적인 분위기다. 동굴 온천이 흥미롭긴 하지만 큰 규모의 편리한 온천이라는 느낌이 강하다. 지조유와 사토노유(さとの湯)도 규모가 아주 큰 온천으로, 이 세 곳은 모두 나름의 분위기가 있는 온천이지만 그다지 특별하게 느껴지지는 않는다. 어쩐지 아담하고 비밀스런 온천 마을에는 어울리지 않는 옷인 것만 같다.

일본의 전통 신발, 게다

딸깍딸깍, 카탕카탕

키노사키 온센의 거리가 가장 북적이는 시간은 오후 5시부터 료칸의 저녁 시간 전까지, 그리고 저녁 시간 이후부터 9시까지다. 이 시간이면 마을 전체에 울려 퍼지는 게다(下駄) 소리가 얼마나 요란한지 모른다. 료칸에 돌아와 오카미상(おかみさん, 료칸의 안주인)에게 '딸깍딸깍' 게다 소리가 너무 재미있다고 얘기했더니, '카탕카탕'이라고 되받아주신다. 딸깍딸깍, 카탕카탕, 경쾌한 소리가 분주한 거리에 가득하다.

사실 신발 바닥의 가운데 묵직한 나무 굽 2개를 박아놓은 전통적인 모양의 게다는 쉽게 적응하기 어려운 신발이다. 한 걸음 뗄 때마다 체중이 앞으로 쏠려 넘어질 듯 위태롭기 때문이다. 나무 굽을 좀 넓게 만든다거나, 아예 통으로 만들어놓은 게다들도 있지만 키노사키 온센의 게다는 죄다 위태로운 굽이 달려 있다. 그 신발을 신고도 무심한 듯 경쾌한 소리를 내며 잘도 걷는 이들이 신기할 따름이다. 몇 번을 신었다 벗었다 하다가 결국은 포기한다.

대신 셋다(雪駄)를 신는다. 셋다는 조리 바닥에 가죽 등을 덧댄 납작한 신발로 눈이 올 때 신는 신발이란다. 눈이 오지도 않았고, 재밌는 소리도 나지 않지만 편하고 안전한 신발이기에 마을을 활보하는 데 더없이 좋다.

'카탕카탕' 경쾌한 게다 소리로 분주한 키노사키 온센 거리

▲ 시가 나오야가 사랑한 료칸 미키야
▼ 마을에서 가장 대단해 보이는 료칸 니시무라야(西村屋)

키노사키 온센에서 빼놓을 수 없는 료칸

료칸 미키야(三木屋)는 《암야행로(暗夜行路)》로 유명한 소설가 시가 나오야(志賀直哉)가 특별히 사랑했던 료칸으로, 그의 키노사키 온센에 대한 애정은 소설 《키노사키에서(城の崎にて)》로 이어지기도 했다. 이런 마을을 사랑한 것은 시가 나오야뿐만이 아니다. 키노사키는 유독 문인들의 사랑을 받아온 마을로, 강가에서 조금 안쪽으로 들어간 곳에 위치한 키노사키 분케이칸(文藝館)에서 이를 확인할 수 있다.

여러모로 나를 만족시켰던 센베이와 우유푸딩

나를 유혹하는 군것질

노사키는 예스럽고 운치 있는 마을이지만 현대적이고 깔끔한 외관을 한 상점들도 꽤 많다. 생과일주스나 아이스크림을 파는 가게들이 주로 그렇다. 그 가운데도 두드러지는 깔끔한 흰색 간판은 마루야마카료(円山菓寮)이다. 이 집에는 과자 종류가 얼마나 많은지 모른다. 모양도 색깔도 다양한 과자들이 가득 모여 있다. 달콤한 쿠키나 빵 종류도 갖추고 있는데, 내가 좋아하는 우유푸딩도 있기에 냉큼 업어온다. 기차 안에서 도시락으로 점심을 때웠더니 계속되는 온천욕으로 출출해진 배와 심심한 입 모두를 만족시키는 군것질이다.

키노사키 온센 거리에 즐비한 군것질 가게들

한창 분주하던 거리가 잠잠해진다. 어둠과 고요가 내려앉은 거리에 게다 소리는 더욱 깊게 울려 퍼진다. 경쾌하던 그 소리가 구슬프게 여겨지기도 하더니, 어느새 사람을 찾아볼 수 없는 거리가 된다. 키노사키 온센은 이렇게 하루를 마감하고 있다.

낮에 보던 것과는 또 다른 모습의 키노사키 료칸들

#03
주코쿠(中国, Chugoku)의 작은 마을

예술적 감각이 가득한 주고쿠

건축과 환경을 예술로 승화시킨 여섯 개의 작은 섬 이누지마, 세토내해에 위치한 풍성하고 다채로운 갤러리 섬 나오시마는 그 안에 내재된 엄청난 예술 세계에 비해 우리에게 잘 알려지지 않은 마을이다. 상상을 초월하는 엄청난 컬렉션의 오하라 미술관이 있는 쿠라시키, 주민 수보다 많다는 색색의 잉어가 가득한 '작은 교토' 쓰와노, 미술관 창 너머로 끝도 보이지 않는 넓은 호수의 석양을 감상할 수 있는 '물의 도시' 마쓰에, 일본의 3대 절경이라 불리는 빨간색 오도리이로 유명한 미야지마, 우연히 본 사진집에 실린 한 장의 사진에 이끌렸던 '고양이의 섬' 마나베시마. 주고쿠 지방 곳곳에는 주변 환경을 예술로 승화시킨 마을로 풍성하다.

신지코 하나로도 충분한 마을
마쓰에 松江

넓디넓은 호수를 따라 하염없이 걷다가 미술관도 둘러보고, 호숫가에서 석양을 바라보고, 그 호수에서 난다는 일곱 가지 명물로 만든 요리를 맛보고, 그리고 온천에 몸을 담근다. 그리 멀지 않은 곳에 있는 마쓰에 성에 오르지 않았어도, 아기자기한 산책로를 걸어보지 않았어도 그냥 호수가 있어 좋다. 호수가 전부인 것처럼 하루 종일 호수만 바라본다.

location & approach 신지코의 동쪽 끝과 맞닿아 있는 마쓰에는 시마네켄의 현청 소재지다. 이즈모 공항에서 공항버스로 30분이면 닿는 거리이며, JR로는 도쿄에서 6시간, 오사카에서 3시간 30분 정도 소요된다.

local traffic 마쓰에 역에서 신지코 주변, 마쓰에 성까지는 도보권이라고 해도 무리가 없을 정도지만, 20분 간격으로 운행되는 귀여운 외관의 레이크라인 버스(☎ 0852-60-1111)로 주요 관광지를 순회할 수 있다. 신지코 유람선과 호리카와 유람선도 운행되고 있으니 물의 도시라 부르는 마쓰에를 만끽하고 싶다면 이용해볼 만하다.
신지코 유람선 : ☎ 0852-24-3218, 호리카와 유람선 : ☎ 0852-27-0417

key word 신지코, 칠진요리, 온천, 물의 도시

taste 신지코를 하염없이 바라만 보고 있어도 좋을 그대들

the others 마쓰에가 물의 도시라 불리는 것은 신지코뿐만 아니라 호리카와 때문이기도 하다. 마쓰에 성 주변을 산책하면 로맨틱하게 성 주변을 돌아나가는 호리카와를 바라보며 옛 정취를 즐길 수 있다.

lodges information 뉴 아반 호텔 : ☎ 0852-23-0003, 싱글 1박 6,000엔부터

충동적으로 내린 마쓰에

신지코에 가보고 싶다는 생각만 갖고 있던 중 충동적으로 내린 역이 마쓰에 역이다. 마쓰에는 작은 마을이 아니다. 시마네켄(島根縣)의 현청 소재지로서 관광은 물론 상공업이 발달한 도시다. 커다란 호수의 한구석을 끼고서 호수에 의지해 살아가는 작은 마을이면 좋겠다고 생각했는데 생각보다 규모가 큰 곳이어서 아쉽다.

역 앞의 관광안내소에 들어섰더니, 안내원이 친절하게 반겨주며 차를 권했다. 뜻밖에도 거품이 풍성한 맛차가 단정하게 담겨져 나왔다. 마쓰에는 맛차와 와가시가 유명하며, 다도가 생활화되어 있는 곳으로 차실도 꽤 많이 있다고 한다.

그냥 걷다

신지코는 동서로 길게 누워 있는 형태로 이즈모에서부터 마쓰에까지 약 17km나 되는 일본에서 일곱 번째로 넓은 호수다. 내가 서 있는 곳은 호수의 동쪽 끝인 셈이니, 끝이 보이지 않게 뻗어 있는 호수가 이즈모까지 닿아 있는 것이다. 아득하게 멀어지는 바다와는 달리, 비록 보이지는 않지만 끝을 가늠할 수 있는 호수는 믿음직하다. 호수 바로 옆의 산책로를 따라 걷는 동안은 아무 생각도 하지 않는다. 그냥 호수를 따라 걷는다.

신지코의 산책길 따라 걷기

일본의 작은 마을_

신지코의 석양이 아름다운
시마네켄 현립미술관

호수 건너편에 위치한 시마네켄 현립미술관의 내부는 외관보다도 훨씬 근사하다. 기대했던 모네와 고갱, 쿠르베의 작품은 한 점씩밖에 없었지만 일본화, 서양화, 판화와 공예, 사진에 이르기까지 두루 전시되어 있어 나름 볼 만하다.
그런데 정작 가장 큰 인기를 누리는 것은 풍성한 전시실이 아니라 미술관의 큰 창밖으로 보이는 신지코의 석양이다. 미술관 안팎의 휴식 같은 공간은 신지코 석양 뷰포인트로 시민과 관광객 모두에게 인기가 많다. 그런데 석양의 때를 기다리며 호수에 한가득 붉은 석양이 번지길 기대했으나 구름이 짙게 덮인 하늘은 푸르스름해지는가 싶더니 그냥 어두워져버린다. 근사한 석양은 보지 못했지만 그래도 오랜 시간을 보내며 쉬어가기에 좋은 곳이다.

너무나 아쉬웠던
신지코의 석양

일곱 가지 진미를 모두 담은 젠사이(전채)

신지코의 칠진요리

큰 호수를 끼고 있는 곳인 만큼 '신지코 칠진요리(七珍料理)'라는 유명한 요리가 있다. 여기서 칠진은 뱅어, 빙어, 농어, 잉어, 새우, 가막조개(재첩), 민물장어(우나기) 이렇게 일곱 가지를 말한다. 신지코는 동해가 흘러들어 담수와 해수가 섞여 있는 호수로, 담수어와 해수어가 모두 잡힌다고 한다.

호숫가 식당에서는 대부분 일곱 가지 재료를 주로 한 요리들을 내놓고 있지만, 칠진요리가 하나의 코스로 나오는 식당은 생각처럼 많지가 않다. 그중 와라쿠(和らく) 식당은 칠진요리라는 이름을 가진 메뉴가 있는 그럴듯한 곳이다. 일곱 가지 진미가 모두 올려진 젠사이(前菜, 전채)는 예쁜 접시에 담겨 나온다. 이 전채는 칠진요리 코스를 주문하지 않아도 모든 테이블에 서빙되는 것 같으니, 다른 메뉴를 먹더라도 일단 일곱 가지를 모두 먹어볼 수는 있는 셈이다. 그러나 맘에 쏙 들었던 전채에 비해 이어지는 코스는 다소 실망스럽다. 오히려 초봄에는 뱅어, 여름에는 우나기와 재첩, 가을에는 새우, 겨울에는 농어, 빙어, 잉어 등 일곱 가지 진미 가운데 제철이라 가장 맛있는 한 가지 재료에 집중한 메뉴를 추천받는 것이 더 좋다.

가격에 비하면 허술했던
칠진 코스 요리

일본의 작은 마을_

소박한 어촌 풍경을 간직한 고양이의 섬
마나베시마 眞鍋島

우연히 넘겨본 사진집에 실린 단 한 장의 사진에 이끌려 마나베시마에 갔다. 그 사진의 주인공은 고양이. 소박한 어촌 풍경을 간직한 곳이라 '고향의 섬' 이라는 애칭을 가졌다는 이곳은 유난히 어슬렁거리는 고양이가 많아 '고양이의 섬' 이라 불러도 좋을 지경이다. 그 사진집에 이 섬의 고양이가 괜히 실린 게 아니다. 작은 마을에서 아침을 맞으니 섬의 지리도, 섬의 사람들도, 심지어 섬의 고양이들마저도 익숙해진 기분이다.

location & approach 마나베시마가 속한 카사오카 제도는 세토내해에 위치한다. 혼슈과 시꼬꾸, 큐슈 사이 3,000개도 넘는 섬이 떠 있는 드라마틱한 세토내해에서도 한가롭고 평화로운 섬이다. 카사오카에서 고속선으로 45분(편도 1,710엔), 일반 페리로는 1시간 10분(편도 990엔) 정도 소요된다.
local traffic 아주 작은 섬이기에 특별한 교통수단은 없다.
key word 고양이, 작은 섬의 페리 터미널, 섬의 아이들
taste 숨겨진 보물과도 같은 작고 예쁜 섬에 동화되고 싶은 그대들
the others 산토라 호스텔에 머물 작정이라면 무거운 캐리어는 가당치도 않다. 배낭이 더 편하다. 카사오카에 큰 짐을 두고 간편하게 들어가는 것도 방법이다.
lodges information 산토라 호스텔☎ 0865-68-3515은 유스호스텔이라지만 객실은 도미토리가 아닌 개인실로 다다미 6장이 조금 넘는 크기에 TV까지 갖춰져 있다. 유카타, 목욕타월, 칫솔 등은 제공되지 않는다.

일본의 작은 마을_

여행의 시작

2008년 여름, 홋카이도 여행의 마지막 여행지였던 하코다테의 작은 카페에서 뒤적인 고양이 사진집, 무심하게 스르륵 넘겨보다가 황급히 손가락을 걸어 멈춰 세웠다.
그곳에는 고양이 뒤로 아웃 포커스된 섬의 아득한 풍경이 있었다. 사진 아래에는 섬의 이름인 듯 '마나베시마(眞鍋島)'라고 적혀 있다. 이 섬에 가야겠다, 고양이가 주인공인 한 장의 사진으로 시작된 여행이다.
무작정 카사오카 역에 도착해 페리 터미널로 가는 길, 설마 설마하며 다가간 작고 낡은 건물이 페리 터미널이다. 마나베시마로 가는 배도 역시나 작고 낡았다. 나 이외의 승객은 모두 섬사람들, 관광객은 한 명도 없었다. 고속정은 이름값을 할 정도로 빠르진 않지만, 파도도 거의 없는 잔잔한 바다 위를 달린 덕분인지 멀미는 나지 않는다. 드디어 도착한 마나베시마의 페리 터미널은 예상대로 카사오카 항보다도 더 서글픈 모양새이다.

마나베시마의 페리 터미널

평화로운 어촌의 모습

한가롭고 평화로운 섬 한 바퀴

조그만 언덕길에서 내려다보이는 섬 마을의 모습은 기대 이상으로 예쁘다. 이 풍경 하나만으로도 이 고생스런 오르막을 오를 가치는 물론이거니와 이 섬을 찾은 보람을 찾기에도 충분한 듯 느껴진다.

마나베시마는 섬 구석구석을 돌아보는 것도 세 시간 정도면 가능할 정도로 작은 섬이지만 페리 터미널 주변이 너무 좋아 그 곳에서 꽤 오랜 시간을 보냈다. 계절이 바뀌고, 해가 바뀌는 시간이 어찌 흐르는지 가늠할 수 없을 정도로 한가롭고 평화로운 어촌의 모습을 그대로 간직한 이 섬은 대단히 정겹다.

언덕길에서 내려다본 섬 풍경

작은 아이들

항구 주변 빨간 지붕에 낮은 울타리가 둘려진 아담한 건물이 있기에 다가가 슬쩍 안뜰에 들어서니 취학 전 아이들을 위한 보육시설이다. 작은 실내화가 놓인 신발장도 보이고, 작은 가방들, 작은 놀이기구, 담장에 꽂아둔 로봇 등이 눈에 들어온다. 친절한 선생님과 짧은 대화를 이어가고 있는 동안 벗어놓은 작은 가방의 주인인 코도모다치(子供たち, 작은 아이들)들이 우르르 몰려들어온다. 오늘은 날이 추워서 학교에서 공부를 한다고 선생님이 얘기했었는데, 학교에 갔던 아이들이 돌아온 모양이다.

일본의 작은 마을 _

▲ 아이들이 튀어나온 골목을 따라 들어가 만난 마나베시마 중학교
◀ 아이들이 벗어놓은 작은 가방들

코도모다치들이 튀어나온 골목길을 돌아본다. 저 길로 가면 그 학교가 나오겠지 싶어서 무작정 접어들었다. 섬 지도를 갖고 있지만 굳이 지도를 펴서 봐야 될 일은 생기지 않는다. 소학교와 중학교가 마주 보고 있었고, 건물은 꽤 운치가 있다.

한가롭게 볕을 쬐고 있는 고양이들

일본의 작은 마을_

고양이의 섬 마나베시마

애초에 나를 이 섬으로 끌고 온 것은 고양이였다. 정확히 하자면 고양이의 배경이 된 아득한 풍경이었지만 어쨌거나 중심엔 고양이가 있었다. 과연, 이 섬에는 고양이가 정말 많다. 그 사진집에 실린 사진 가운데 이 섬의 사진이 가장 많았던 데에는 다 이유가 있었던 게다. 때 묻지 않은 어촌의 모습을 유지하고 있기 때문인지 오카야마켄에서는 이 섬을 '고향의 섬'이라고 부른다던데 '고양이의 섬'이라고 불러도 좋을 정도로 고양이가 많다.

'고양이 따라다니기'는 섬을 떠나는 이른 아침에도 계속된다. 고양이를 따라다니며 사진을 찍고 있던 내게 고양이를 찍으려면 5,000엔을 내야 한다며 농담을 걸던 할아버지들도 어제와 같은 자리에 아침부터 모여 있다. 작은 섬에서 이틀째의 새날을 맞으니, 섬 지리는 물론이거니와 섬사람들, 심지어 고양이들까지도 익숙해진 기분이다.

자연과 조화를 이룬 신비로운 신의 섬
미야지마 宮島

아득한 옛날부터 신과 인간이 공존하는 섬이라 불리며 신성시된 미야지마는 신비로움이 가득한 곳이다. 밀물과 썰물을 번갈아 맞으며 모습을 달리하는 거대한 도리이를 만들던 그 당시 상황을 상상하니 그 신비로움은 눈앞의 모습을 넘어 아득하게 밀려온다. 곧 날아오를 것만 같은 기세를 누르고 떠 있는 도리이를 바라보고 있자니 덩달아 가슴이 설렌다.

location & approach 히로시마는 신칸센이 지나므로 교통이 편리하다. 도쿄에서도 4시간이 채 걸리지 않으며, 오사카에서는 1시간 30분, 후쿠오카에서는 1시간 10분이면 히로시마에 이를 수 있으나, 히로시마에서 미야지마구치 역까지 노면전차(미야지마 히로덴)를 타고(1시간), 다시 또 페리를 이용하여 미야지마에 들어가야 한다. JR패스를 갖고 있다면 페리는 공짜로 이용할 수 있으며, 히로시마에서 미야지마구치까지 운행되는 기차와 미야지마까지 들어가는 페리를 모두 이용할 수 있는 콤보 티켓을 구입할 수 있다.

map 미야지마는 이쓰쿠시마진자 외에도 하이킹 코스를 따라 둘러볼 만한 곳이 많다.

local traffic 산 정상의 전망대에 오르려면 로프웨이(☎ 0829-44-0316, 편도 1,000엔, 왕복 1,800엔)를 이용해야 한다. 모미지다니 공원 입구에서 로프웨이 입구까지는 셔틀버스가 무료로 운행된다.

key word 바다 위에 떠 있는 도리이, 일본 3대 절경

taste 많고 많은 신사에 질렸지만 신비로운 도리이를 보고 싶은 그대들

the others 신비로운 도리이 외에도 굴, 우나기 등 먹을거리도 풍부하며, 항구에서부터 냄새를 풍기는 단풍 모양 어묵 튀김도 다양한 맛을 자랑한다.

lodges information 대부분 히로시마에서 당일치기로 다녀오는 곳이지만 미야지마 안에도 괜찮은 숙박시설이 꽤 있다. 미야지마 숙박 정보 : www4.ocn.ne.jp/~miyayado/english.html

미야지마 최고의 모델

일본의 작은 마을_

뜻밖의 마중

미야지마로 들어가는 페리는 만원이다. 페리가 출발하고 미야지마에 가까워질수록 히로시마는 멀어진다. 멀어지는 히로시마를 바라보다 미야지마 쪽으로 고개를 돌리니 그 유명한 빨간색 오도리이(大鳥居, 신사의 입구에 세워놓은 天자 모양의 구조물)가 보인다. 항구에 도착하자마자 오도리이를 보러 달려가리라 마음먹었으나, 뜻밖에도 눈길을 끄는 것은 다름 아닌 사슴이다. 연중 관광객이 넘치는 곳에 살고 있는지라 사람을 무서워하기는커녕 오히려 사람이 피해야 할 정도로 고집이 센 녀석들이다. 실상이야 어찌되었든 그 모습만큼은 온순하고 아름다워 강렬한 오오도리이와 바다를 배경으로 미야지마 최고의 모델이 된다.

아이를 따라다니는 사슴과 사슴이 무서운 아이

신비한 오도리이

마중 나온 사슴 떼를 따라 오도리이로 향한다. 오도리이는 이쓰쿠시마진자(嚴島神社)의 입구가 되는 도리이로 미야지마를 일본 3대 절경에 올려놓은 주인공이다. 마치 물 위에 떠 있는 듯 신비로운 모습을 연출하는 붉은색 도리이는 강렬하면서도 아득하다. 밀물이면 이처럼 물 위에 떠 있는 도리이를 볼 수 있으며, 썰물이면 드러난 뻘을 통해 도리이까지 걸어 갈 수도 있다.

신성한 구역. 신사로 들어가는 첫 번째 관문으로 존재하는 도리이는 '신들의 섬'이라 부르는 미야지마 앞바다에 위치해 경이로움을 더한다. 12세기 헤이안시대(1168년), 이 도리이를 만드는 데 얼마나 많은 시간과 인력이 동원되었을까. 썰물 때를 기다려 작업을 하다 밀물 때가 되면 부리나케 섬으로 돌아오기를 몇 날 며칠이나 반복하면 이렇게 거대한 도리이가 완성되는 것일까. 미야지마의 도리이는 그 형상만으로도 충분히 신비롭지만 생각할수록 놀라운 것이 많다.

도리이는 그 원형을 인도, 중국 등에서 찾는 등 유래에 대한 학설이 분분한 가운데 우리나라의 솟대가 기원이라는 설도 있다. 장대 끝에 새를 매달아놓은 솟대와 새가 머무는 자리라는 의미를 가진 도리이는 닮아 있기도 하다. 보통의 도리이는 새가 그 끝에 앉아 있는 형상을 상상하게 하는 반면, 미야지마의 오도리이는 그 자체가 한 마리 거대한 새처럼 느껴진다. 강렬한 붉은색의 신비로운 새는 언제든 하늘 혹은 바다를 향해 날아가 버릴 것 같은 형상이다.

저 멀리 날아가버릴 것만 같은 아득함을 누르고 떠 있는 강렬한 도리이

축조된 아름다움 속에서 섬의 자연을 보다.

화려함의 극치 이쓰쿠시마진자

헤이안시대는 화려한 귀족 문화가 융성했던 시대인 만큼 일본사를 통틀어 가장 사치스럽고 세련된 문화를 자랑한다. 그 가운데 이쓰쿠시마진자는 헤이안 귀족들이 선호했던 신덴즈쿠리(寝殿造り, 침전조) 양식으로 지어진 건물이다. 이 양식은 중심 건물과 주변 건물이 복도로 이어지도록 설계된 것이다. 교토의 휘황찬란한 킨카쿠지(金閣寺, 금각사)가 신덴즈쿠리 양식으로 지어진 절이다.

그러나 이쓰쿠시마진자는 화려함의 극을 보여주는 헤이안시대의 양식을 취하고 있으면서도 섬의 자연과 묘하게 어우러진다. 헤이안의 미는 자연을 바탕으로 인공적인 미를 추구하는 것인데, 이쓰쿠시마진자는 미야지마의 자연이 인공적인 미를 감싸 안아 그 화려함을 누르고, 섬 본래의 모습을 바라볼 수 있게 한다. 그래서 미야지마는 더욱 신비롭다.

바다 위에 떠 있는 붉은 도리이만 보면 좋겠다는 생각으로 미야지마에 할애한 시간은 턱없이 짧다. 미야지마의 명소만을 둘러볼 작정이라면 3시간 정도로도 가능하다고 하지만 미야지마는 충분히 시간을 두고 다녀보면 훨씬 좋은 곳이다.
게다가 미야지마는 우나기돈(鰻丼, 장어덮밥)이 특별히 맛있기로 유명하다니 발길은 더욱 떨어지지 않는다.
커다란 문어가 씹히는 단풍 모양 어묵 튀김 하나를 사들고 페리를 타니, 멀어져가는 붉은 도리이가 더욱 아득하다.

단정하고 세련된 옛 성곽 도시에 넘치는 예술적 감성
쓰와노 津和野

산골짜기를 따라 흐르는 아담한 쓰와노 강을 따라 형성된 작은 마을. 쓰와노는 유난히 맑은 물이 흐르는 곳이다. 마을을 가로지르는 강, 잘 정비된 거리의 도랑, 웅덩이 등 마을을 따라 흐르거나 혹은 고여 있는 물마저도 맑고 깨끗한데, 그 맑은 물속에는 색색의 잉어가 가득하다. 쓰와노 인구의 10배나 되는 잉어가 살고 있다는 말이 과장이 아닌 것 같다.

조용하고 쾌적하며 과거와 현재가 균형을 이루는 예술적 감각이 가득한 마을이다. 관광지 냄새를 잔뜩 풍기는 '작은 교토'라는 수식어는 쓰와노에 전혀 어울리지 않는 표현인 것 같다.

location & approach 신야마구치에서 1시간 남짓이면 도착할 수 있으며, 히로시마나 후쿠오카에서는 신칸센을 타면 30분이면 이동 가능하다. 오사카에서도 2시간이 걸리지 않는다. 주말, 휴일 혹은 7월 말~8월에 이곳을 여행한다면 SL야마구치센을 탈 수 있다.

local traffic 도보 이동이 가능하나, 마을버스나 자전거 등을 이용하려면 유난히 친절한 관광안내소(☎ 0856-72-1771)를 이용하면 된다.

key word 성곽 도시, 잉어, 나마코 벽, 사무라이 가옥, 안노 미쓰마사

taste 아기자기한 성곽 도시에서 예술적 감성을 느껴보고 싶은 그대들

the others 수로 옆 창포가 만발하는 6월이 특별히 아름답다. 쓰와노의 미술관들을 여러 군데 둘러볼 계획이라면 관광안내소에서 쓰와노 메구리 티켓(2,000엔)을 구입하면 좋다.

lodges information 쓰와노 숙박 정보 : www.tsuwano.ne.jp/kanko/modules/gnavi/viewcat.php?cid=1

잘 정돈되고 가꾸어진 작은 마을

역 앞 마을의 거리는 너무나도 잘 정돈된 단정한 모습이다. '작은 교토'라는 상업적인 별칭까지 얻어내며 관광객들을 모으기 시작하면서 역 앞은 새롭게 정비가 된 것이 아닐까 싶다. 교토는 외국인에게도 물론 매력적인 도시지만 일본인들 스스로에게도 묘한 감성을 일으키는 상징적인 도시이다. 그 때문인지 곳곳에 '작은 교토'라는 타이틀을 붙이곤 한다.

중심가에서 30분 정도 떨어진 숙소에는 짐만 내려두고 차를 타고 온 길을 거슬러 마을까지 걸어가보기로 한다. 강을 따라가다 큰 다리(街辛橋)를 건너고, 작은 다리(大橋)도 건너니 어느새 토노마치(殿町)에 서 있다.

일본의 작은 마을 _

토노마치의 단정하게 정돈된 거리

강을 따라 쭉 늘어선 마을의 구조가 참으로 심플해서 세련된 느낌이다. 이런 느낌은 토노마치의 정돈된 거리에도 이어진다. 깔끔한 블록을 깐 단정한 길 양옆으로 나마코가베(なまこかべ, 건물 외벽에 평평한 기와를 붙이고 그 이음새에 석회 반죽을 메워 두툼하게 둥글린 형식)가 늘어선 모습은 분명 세련된 인상이다. 붉은 기와지붕의 자그마한 집들과 어울리는 옛길을 생각했던지라 지나치게 깔끔한 거리는 당혹스럽기도 하지만, 그냥 그대로 잘 어우러지는 풍경이기도 하다.

잉어의 마을이란 명칭처럼 마을 곳곳에서 잉어를 만날 수 있다.

토노마치의 아이러니

토노마치 길 양옆으로 좁은 물길이 있다. 이 물길을 '미조(溝, 도랑)' 라고 부른다. 도랑은 유난히 맑고 깨끗하다. 그런데 그 맑은 물보다 형형색색의 잉어 떼가 먼저 눈길을 끈다. 우글우글, 득실거린다는 표현이 어울릴 정도로 대단한 잉어 떼이다. 시선을 끄는 잉어 떼를 비롯하여 정돈되고 세련된 거리와 정감어린 골목이 자연스럽게 어울리는 쓰마고의 토노마치는 관광지로 손색이 없지만, 또한 관광지로 불리지 않았으면 싶은 곳이기도 하다.

사무라이 가옥과 아담한 가톨릭 교회는 천주교 박해 사건을 기념해 한 독일인 신부가 건립했다.

오하시(大橋) 바로 앞에는 화려했을 사무라이 가옥의 문(門)이 남아 있다. 쓰와노는 전형적인 조카마치(城下町), 즉 성 아래 마을이다. 다이묘(大名, 지방영주)가 거주하는 성을 중심으로 형성된 마을로 성을 보호하는 역할도 담당했던 행정구역인 셈이다. 쓰와노에는 현재 터만 남은 쓰와노 성이 있다. 쓰와노 성은 센코쿠지다이(戰國時代, 전국시대)에 축조되어 에도시대까지 번성했다(메이지 유신으로 폐성됨). 그 당시 다이묘를 호위하는 무사, 즉 사무라이들은 성과 아주 가까운 곳에 거주했을 것이다. 그 집의 흔적이 토노마치에 남아 있어 사무라이 마을이라는 체면을 유지하고 있다.

안노 미쓰마사 미술관 창문을 통해 본 풍경

안노 미쓰마사의 스케치는 쓰와노를 안내하는 브로슈어에도 인용되어 있다.

쓰와노에는 미술관, 공예관, 기념관이 유독 많다. 마을의 거리를 걷던 중 포스터 한 장에 꽂혀버린다. 자잘한 펜화를 가만 들여다보니 쓰와노 토노마치를 그린 그림이다. 간결하면서도 사랑스럽고 아기자기한 분위기는 유럽풍인데, 쓰와노의 정취 또한 고스란히 담겨 있다. 어쩜, 너무 예쁘다. 안노 미쓰마사(安野光雅)를 처음 만나는 순간이다.

기차도 놓치게 만들었던 안노의 그림책

안노 미쓰마사가 태어나 자란 고향이 다름 아닌 쓰와노다. 전시실에는 안노의 그림들, 삽화 작업을 한 책의 표지 등이 전시되어 있고, 미술관 곳곳에 안노의 그림책들이 가득하다. 다양한 주제와 다양한 화풍, 신선한 구성이 돋보이는 책들이 너무 많다.

안노 미쓰마사는 우리나라에서도 상당한 지지를 얻고 있는 작가로, 국내에 출판된 책도 꽤 많다. 작품 리스트가 워낙에 방대한 데다, 각국의 언어로 번역된 안노의 그림책에 빠져 또 정신을 놓는다. 산 중턱의 빨간 도리이도, 마을을 내려다보는 산책로도 잊어버린 지 오래다. 엽서 등을 골라 담느라 지체한 덕분에 결국 계획했던 기차를 놓쳐 다음 기차를 타야 한다. 책 욕심이 많은 내게 안노의 그림책들은 견디기 힘든 유혹이다.

안노 미쓰마사 미술관 내부

하얀 회벽이 눈부신 창고 마을
쿠라시키 倉敷

에도시대 도쿠가와 막부의 직할 영지이자 번성한 산업으로 번영을 누렸던 쿠라시키는 옛 모습을 그대로 간직한 곳이다. 나마코 무늬의 흰색 회벽과 검은 기와는 위엄과 기품이 넘치고, 운하 주변의 초록빛은 또 얼마나 싱그러운지 모른다. 게다가 상상을 초월하는 엄청난 컬렉션을 갖춘 오하라 미술관은 전 세계 미술 애호가들을 불러들이고 있다. 전통을 간직한 마을에서 만난 방대한 서양 미술이 주는 의외성은 대단한 감동이다.

location & approach 오카야마켄에 속하는 쿠라시키는 신칸센이 서는 오카야마와 신구라시기에서 산요혼센을 갈아타면 10분 내외에 도착할 수 있다. 후쿠오카에서 2시간, 히로시마에서 1시간 정도 소요되며 신오사카에서는 1시간이 채 걸리지 않는다.
local traffic 비칸치쿠를 돌아보는 데에는 특별한 교통수단이 필요하지 않다. 그러나 유난히 자전거가 많은 쿠라시키의 분위기에 동참하고 싶다면 관광안내소(☎ 086-422-0542)를 통해 자전거를 빌릴 수 있다.
key word 흰 벽과 검은 기와의 창고 마을, 운하, 오하라 미술관
taste 에도시대 정취에 젖어 대단한 미술관을 둘러보고 싶은 그대들
the others 역의 북쪽에는 덴마크의 티볼리 파크를 본 따 만든 공원이 있다.
lodges information 역 주변에서 주오도리를 따라 적절한 비즈니스호텔들이 이어진다. 비칸치쿠에는 에도시대 양식을 그대로 살린 고급 료칸들이 있으며, 버스를 타고 가야 하는 외락에는 유스호스텔도 있다.
쿠라시키 숙박 정보 : world.kankou-kurashiki.jp/kor/kurashiki.html

쿠라시키의 밤

쿠라시키에 도착하니 한밤이다. 운하 주변에 검은색 기와를 얹은 창고 건물들이 모여 있는 작은 마을로 알려진 쿠라시키, 옛 정취가 가득한 작은 마을의 역은 생각보다 크고 번화하다. 비칸치쿠(美觀地區, 미관지구)라 부르는 쿠라시키의 명소는 역에서 쭉 뻗은 길(주오도리, 中央通リ)을 따라 가다 왼쪽으로 들어서야 비로소 시작된다.

생각했던 것보다 넓은 규모의 거리에 늘어선 건물들은 짜임새 있고 근사하다. 오하라 미술관이 보이는 다리 앞에 관광객이 몇몇 모여 있다. 자전거가 세워져 있는 사케 집 앞에서 서성거린다. 자그마한 규모도 그렇고 여러모로 맘에 든다. 쿠라시키 비칸치쿠에는 일행과 함께 한잔 기울일 수 있을 만한 전통적인 이자카야가 있는가 하면 근사한 재즈가 흘러나오는 바(bar)도 있다.

쿠라시키의 밤거리와 운하 주변의 버드나무

과거의 번영을 그대로 간직한 비칸치쿠 산책

이번엔 에비스도리 아케이드(えびす通り arcade)를 통해 가본다. 에비스 아케이드를 따라 걸으면 그 길이 곧 혼마치도리(本町通り)와 만난다. 초입에 서서 살짝 들여다본 혼마치도리가 너무 맘에 들어서 그대로 쭉 들어서고 싶지만, 조금이라도 이른 시간에 미술관을 둘러보는 게 좋을 것 같아 방향을 바꾼다.

주고쿠긴코(中國銀行, 일본 주고쿠 지역의 지방은행)가 있는 골목에서 오른쪽으로 바라보니 오하라 미술관이 보인다. 날이 밝아 제대로 된 색을 입은 비칸치쿠 운하 주변은 마음속까지 깨끗해지는 기분이 들게 하는 초록빛이 가득하다. 싱그러운 초록빛 속에 에도시대 때 번창했던 쿠라시키를 볼 수 있다.

초록빛 가득한 쿠라시키 강. 사실 인공적으로 조성된 수로이며, 주변의 건물들은 대부분 물품 운송을 위한 창고다.

주고쿠의 작은 마을_185

숨이 막힐 듯 거대한 오하라 미술관, 그곳에서 가장 좋아한 마르케의 작품 마르세유

시대와 장르를 넘나드는 거장들의 작품

쿠라시키는 방적 사업이 꽤 활발했던 곳으로 대단한 부호들이 탄생했다. 그 가운데 한 명인 오하라 마구사부로(大原孫三郞)의 개인 컬렉션이 전시되어 있는 곳이 바로 오하라 미술관이다. 당시 오하라의 지원을 받으며 컬렉션을 구축했던 화가 코지마 토라지로가 사망하자, 1930년 그를 추모하는 의미로 이 미술관을 개관했다. 개인 소장품으로 개관한 일본 최초의 사립 서양미술관으로 지금도 계속해서 컬렉션의 범위를 확장하고 있다니 부러울 따름이다.

입구에서부터 로댕의 작품을 시작으로 모네의 〈수련〉, 모딜리아니의 〈잔느〉, 엘그레코의 〈수태고지〉, 고갱의 〈타히티〉 등 간판 작품 외에도 르누아르, 로트렉, 세간티니, 피카소, 마티스 등 시대와 장르를 넘나드는 거장들의 작품이 쉴 새 없이 이어져 숨이 막힐 지경이다.

오하라 미술관에는 본관 외에도 분관, 동양관, 공예관, 고지마 토라지로 기념관이 함께 모여 있다. 관람객은 대부분 백인이다. 미술관 하나만으로라도 전 세계 관광객을 불러 모을 수 있는 힘을 가진 곳이 쿠라시키다.

일본의 작은 마을 _

혼마치의 좁은 골목길

전통적인 쿠라시키에서 먹었던 생뚱맞은 커리

잊을 수 없는 길, 혼마치도리

혼마치는 운하 주변에 비해 좁은 골목에 낡은 건물들이 들어서 있다. 운하 주변이 단정하고 위엄 있는 느낌이라면 혼마치는 아기자기하고 정감 있으며, 나무색의 벽이 많아 따뜻한 느낌을 더한다. 쿠라시키를 상징하는 것들을 그대로 유지하며 다정함마저 갖춘 혼마치에서 오랜 시간을 보낸다. 운하 주변을 비롯하여 비칸치쿠 곳곳에는 다양한 구경거리가 많이 있다. 쿠라사키의 옛 모습을 간직한 사진이 많았던 디자인 숍과 먼지가 뽀얀 책들을 들춰보느라 정신없었던 헌책방 등은 운하 주변 풍경으로 대표되는 비칸치쿠의 숨겨진 명소다.

▲ 쿠라시키의 옛 모습을 간직한 근사한 사진을 볼 수 있는 곳
▼ 혼마치의 헌책방

일본의 작은 마을_

건축과 예술, 그리고 환경의 공생
이누지마 犬島

이누지마는 여섯 개의 작은 섬으로 이루어진 군도로, 그 가운데 이누(犬)의 모양을 닮은 돌이 있다 하여 이런 이름이 붙었다. 이누지마 아트 프로젝트는 군도 전체로 확장될 계획이며, 정련소가 있는 이 섬이 최초로 공개된 이누지마 아트 프로젝트인 셈이다. 나오시마 베네세 아트 사이트 웹페이지에 링크되어 있는 것으로도 짐작할 수 있듯이 이누지마 아트 프로젝트 역시 베네세 그룹이 기획했다.

어디서 출발을 했던지 간에 배가 도착하는 곳은 이누지마 항이다. 이누지마의 볼거리는 항구에서 다 보일 정도로 섬의 규모가 작다. 이 섬은 2008년 4월에 공개되어 우리나라에서는 물론이고 일본 내에서도 모르는 사람이 더 많은 곳이지만 조용한 혁명이 시작되고 있다.

location & approach 이누지마는 오카야마켄 오카야마 시에 포함되는 세토내해의 작은 섬으로, 오카야마 호덴 항에서 5분, 나오시마 미야노우라(宮之浦) 항에서 45분이 소요된다. JR 오카야마 역에서 사이다이지 버스 센터(390엔)까지 이동한 후, 니시호덴행 버스(500엔)을 갈아타야 한다, 나시호덴에서 바다를 향해 5분 거리에 위치한 호덴 항에서 이누지마까지의 배(300엔)을 타고 들어가면 되는데 왕복 할인은 없다. 버스를 갈아타며 찾아가는 길은 조금 힘들지만 풍경이 아기자기해 사진을 찍는 이들도 많다. 이누지마에서 오카야마로 돌아가야 할 경우 배 시간이 호덴 항을 떠나는 버스 시간과 연계되는지를 꼭 확인해야 한다. 이누지마로 들어가기 전에 호덴 항의 버스정거장에 붙여놓은 시간표를 메모해두면 좋다.
페리 시간표 정보 : www.inujima-ap.jp/e/information
local traffic 보이는 것이 전부인 아주 작은 섬이므로 특별한 교통수단은 필요하지 않으며 있지도 않다.
key word 이누지미 아트 프로젝트, 세이렌죠(정련소), 베네세 그룹, 산부이치 히로시, 야나기 유키노리
taste 건축과 예술, 환경 운동, 베네세 그룹의 아트 프로젝트에 관심 있는 그대들
the others 이누지마 아트 프로젝트는 사전 예약에 의한 가이드 투어로만 관람이 가능하다. 사전 예약은 희망일로부터 3개월 전부터 3일 전까지 가능하며, 웹페이지(inujima-ap.jp/)에서 신청할 수 있다. 개관일이 일정치 않으므로 웹페이지의 연간 일정을 반드시 확인해야 한다. 가이드 투어는 하루에 4~5회며, 10명 남짓의 소그룹으로 70분 정도 진행된다. 투어 신청 양식에 날짜와 시간을 기재해야 하므로 이동 시간을 고려하여 적절한 시간을 선택하면 된다. 오카야마 역에서 이동하는 경우라면 11시 35분 2회 가이드 투어부터 참여할 수 있다. 나오시마에서 이누지마로 이동할 계획이라면 셔틀 페리를 반드시 예약해야 하며, 이는 가이드 투어 예약 시 함께 신청할 수 있다. 신청한 날짜와 시간에 투어가 가능하다는 이누지마의 예약 확정 메일을 받아야 하며, 이를 출력해서 가져가야 입장이 허용된다(입장료 1,000엔).
lodges information 이누지마에는 제대로 된 숙박 시설이 없다. 식당을 겸하는 민가가 있어서 민박을 할 수는 있지만 숙박을 하지 않아도 될 정도로 작은 섬이다. 나오시마나 오카야마에서 머무르며 당일치기로 다녀오는 것이 좋다.

이누지마 곳곳에 솟아오른 굴뚝, 신성한 유적지를 돌아보듯 엄숙한 기운이 감돈다.

이누지마의 벽돌과 굴뚝

벌겋게 녹슨 철문을 열고 들어선 곳은 흡사 고대 유적지를 방불케 하는 이누지마 세이렌조(精鍊所) 철거지는 근대화 산업 유산 가운데 하나로 지정되어 있다.
1909년 건설되었던 구리 정련소는 과거 화려했던 명성을 뒤로하고 현재는 정련이 중지된 상황에서 방치되고 있었다. 100년 역사 가운데 화려했던 10년을 뒤로하고 90년간 버려져 있던 이 섬의 정련소는 이제 근대화 산업 유산 이상의 의미를 갖게 된 것이다.

이누지마의 정련소 유적지

유적군에서 가장 두드러지게 눈에 띄는 것은 카라미(からみ, 광재) 벽돌이다. 구리의 정련 과정에서 발생하는 카라미로 만든 벽돌은 이누지마의 상징이라고 할 수 있으며, 여기저기 솟아오른 굴뚝도 이 벽돌로 만들어져 있다. 붉은 벽돌은 낭만적이라 생각했는데, 이곳의 붉은 벽돌은 슬프다. 역사의 뒤안길에 밴 쓸쓸함이다.

벽돌의 무거운 기운을 화강암이 날려준다. 이누지마의 질 좋은 화강암은 바닷길을 통해 일본 곳곳으로 옮겨져 성(城)이 되었단다. 에도 성, 오사카 성과 오카야마 성 등의 여러 성의 축조에 사용되었다니 대견하기까지 하다. 분주했을 10년간의 정련 산업의 유산, 이누지마 정련소의 공허한 폐허는 유적지를 넘어 예술적인 공간으로 새롭게 세워졌다. 이누지마 아트 프로젝트의 첫 단추는 꽤 그럴듯하게 끼워진 셈이다.

이질감을 잊은 세이렌조

순환하는 자연 속의 건축과 예술, 세이렌조

오래된 유적지의 황량함 저편에 이질적인 산뜻함으로 우뚝 솟은 미끈한 굴뚝과 모던한 건물이 보인다. 육중한 문을 힘겹게 열고 들어선 새로운 건축물은 정련소였던 이누지마의 특수한 환경 속에서 함께 존재했던 생명력이 느껴진다. 주변 자연환경과 조화를 이루면서도 이누지마 본연의 소재들을 극대화시키려는 노력이 곳곳에서 느껴져, 외관에서 느껴지는 이질감은 사라지고 놀라움이 남는다.

세이렌조의 환경은 자연을 최우선으로 고려하여 건축되었는데 폐수를 바다에 그대로 방출하는 것이 아니라 식물 작용을 통해 정화시킨다. 또한 자체적인 정화 시스템뿐만 아니라 태양에너지와 지열, 기후를 적절히 이용한 자체적인 냉난방 조절 시스템도 갖추고 있다.

태양에너지를 받아들이고 응집시키는 거울들이 이어진 방을 한 사람씩 차례로 걸어보게 한다. 온통 거울로 둘러싸인 통로에 홀로 서서 바라보는 수없이 많은 나, 막다른 곳에서 만난 하늘, 이제껏 깨닫지 못했던 강렬한 태양의 에너지를 느낄 수 있는 신선한 경험이다.

일본의 작은 마을 _

근사한 외관, 지역 대학의 발전과 육성, 세계적 분위기에 부흥하는 친환경 시스템까지 세이렌죠에서는 배울 점이 많다. 게다가 이것이 전부가 아니다. 아트 프로젝트라는 타이틀에 걸맞게 갤러리로서도 훌륭하게 제 역할을 하고 있다. 관람자의 생각이 반영되고 변형되는 과정이 전시 공간에 들어서는 순간부터 마지막 순간까지 이어져 하나의 체험 작품으로 완성된다. 단순히 보고 즐기는 것을 넘어 상징적 사물을 바라보는 시선을 뒤흔들어 볼 수 있다는 점에서 더욱 흥미롭다.

순환적 시스템에 의해 자체적으로 유지되고 있다는 환경 운동적인 관점과 보고 즐기는 것을 넘어 생각하게 하는 체험 작품을 전시하고 있다는 예술적 관점 모두에서 후한 평가를 받고 있는 이누지마의 현대화된 세이렌죠 건물은 그 자체로 하나의 마을이다.

야나기 유키노리의 작품

이누지마 자생 레몬이 곁들여 나오는 진저티와 함께 햇살을 받았던 카페

▲ 화장실 벽에서 배우는 세이렌조의 순환하는 에너지
▼ 스티커로 된 재미난 입장권 관람하는 동안 겉옷에 붙이고 다녀야 한다.

모든 투어가 끝나고 가이드가 마지막으로 일러준 팁은 카페의 화장실에 가보라는 것이었다. 다소 당황스럽지만 재미있는 구조의 화장실이다. 벽에 그려진 귀여운 그림은 세이렌조의 환경 시스템을 알기 쉽게 설명해준다. 지금 흘려보내는 오물이 어떻게 정화되며, 실내의 기온은 어떻게 유지되는지 그려놓았다. 이누지마에서는 화장실에서도 환경을 생각하게 된다.

일본의 작은 마을 _

세이렌조에서 보이는 탁 트인 바다 전망

이누지마, 이 작은 섬의 잠재력

티켓 센터에서 항구를 지나 마을 어귀에 섰다. 사람이 살긴 하는 건지, 너무 조용한 마을은 촬영이 끝나버린 세트장 같다. 작은 섬의 단골 등장인물인 담배 피는 할아버지와 할머니도 없다. 생명력이 느껴지는 활기찬 풍경은 아니지만, 그렇다고 건조한 풍경은 아니다.

어딘가 모르게 따뜻한 기운이 스며 있는 마을길을 따라가면 작은 진자(신사)가 하나 있는데, 돌로 만들어진 도리이를 지나 계단을 올라야 한다. 정상에 서면 바다, 세이렌조, 마을이 한눈에 들어온다. 섬의 오래된 유적지를 상징하는 굴뚝들과 섬사람들이 살고 있는 마을, 그리고 모두의 너머에 보이는 바다, 여기에 시원하고 찝찔한 바닷바람까지 불어주니 작은 섬마을에 서 있음이 실감난다.

이 작은 섬에서 하루를 보내고 배를 기다리는 항구의 마지막 모습은 지극히 소박하다. 세이렌조에서의 특별한 체험만을 갖고 돌아선다면 보지 못했을 이누지마의 모습, 이것이 바로 이누지마의 정서가 아닐까 싶다.

이누지마의 세련된 첫인상과 소박한 마지막 모습

빛과 하늘, 자연과 여행자가 하나 되는 거대한 갤러리 섬
나오시마 直島

세토내해에 위치한 풍성하고 다채로운 갤러리 섬 나오시마. 세 군데에 조성되어 있는 갤러리 지구는 각각 하나의 전시관이 되고, 섬의 오솔길과 바다, 야트막한 산과 하늘은 전시관을 이어주는 복도가 되어 섬 전체가 하나의 갤러리를 이룬 듯하다. 소박한 섬의 자연과 세련된 모던 아트가 만들어내는 강한 개성이 섬 전체를 휘감는다. 섬 곳곳에 흩어져 있는 안도 타다오의 건축물에서 그의 숨결이 느껴져 감히 안도 타다오의 섬이라고 부르고 싶을 지경이다.

location & approach 우리나라에서 타카마쓰 공항까지 직항편이 매일 운행되고 있으며, JR을 이용하면 도쿄에서 5시간, 오사카에서 2시간 30분, 오카야마에서 50분 남짓이 소요된다. 혼슈와 시코쿠를 연결하는 세토오하시(세토대교)를 건널 때는 미래도시로 빨려 들어가는 기분이 든다.

local traffic 섬 안에서는 버스를 이용할 수 있는데 항구에 위치한 안내소에서 지도와 시간표를 받아두면 편리하다. 요금은 어느 구간을 이용하든지 동일하게 100엔이다.

key word 안도 타다오, 모던 아트, 모네, 제임스 터렐, 월터 드 마리아, 베네세 하우스, 이에 프로젝트

taste 가벼운 산책과 갤러리를 좋아하는 그대들

the others 치추 미술관 입장시간은 3월부터 9월에는 오후 5시, 10월부터 1월까지는 오후 4시(월요일 휴관, 12월 30일~1월 2일, 국경일인 월요일은 오픈. 4월 29일~5월 5일, 8월 13일~15일은 항상 오픈, www.chichu.jp)이며, 입장료는 2,000엔이다. 베네세 뮤지엄 개관시간은 오전 8시부터 오후 9시(휴관일 없음, 1,000엔, 15세 미만 무료, www.naoshima-is.co.jp)까지며 입장료는 1,000엔이다.

lodges information 나오시마의 호텔을 이용할 경우 가격이 30,000~60,000엔(더블 룸, 오프 시즌 기준)으로 만만찮은 지출이지만 그만한 가치가 있다. 가격 부담이 크다면 비즈니스호텔 및 아담한 숙소들이 있으며 미야노우라 항구에 위치한 관광안내소에서 숙박 정보를 얻을 수 있다. 나오시마 숙박 정보 : www.naoshima-is.co.jp

자연의 빛으로 빚다, 치추 미술관(地中 美術館)

타카마쓰 항을 출발한 페리는 나오시마의 미야노우라 항에 도착했다. 첫 번째 목적지는 미야노우라 항(서쪽 해안)에서 해안선을 따라 남쪽으로 내려간 곳에 위치한 치추 미술관이다.

나오시마 해변을 내려다볼 수 있는 아름다운 언덕의 모습을 해치지 않기 위해 땅속으로 파고든 이 대단한 미술관에서는 세계적인 건축가 안도 타다오의 섬세한 시선을 느낄 수 있다. 자연광과 바닥의 질감, 오로지 작품에만 집중할 수 있도록 하는 공간적 설계의 시너지, 차가운 콘크리트 사이의 싱그러운 초록빛, 올려다볼 수 있는 하늘에 이르는 모든 환경이 원래 그랬던 것처럼 자연스럽게 어울린다. 작품과 건축물의 드라마틱한 조화가 돋보이는 치추 미술관은 지금껏 내가 경험한 가운데 최고의 환경을 제공하는 미술관이다.

땅 속의 빛과 소통하다

갤러리 내부로 에스코트를 받으며 들어서면 몹시 폐쇄적인 공간에 갇히는 것만 같은 기분이 든다. 그도 그럴 것이 치추 미술관은 놀랍게도 지상으로 튀어나온 부분 없이 철저히 땅속에 매립된 형식을 취하고 있기 때문이다. 그제야 미술관의 이름인 치추(地中)를 되뇌며 고개를 끄덕인다. 사방이 콘크리트로 둘러싸인 좁은 통로를 지날 때는 땅속 미로 같은 느낌이 배가된다. 컴컴하고 낯선 공간을 따라 내려가 전시관 앞에 다다르면 매표소와 입구에서부터 시작된 깐깐한 에스코트(?)의 절정을 맛볼 수 있다.

신발을 벗으란다.

숨마저도 조심스러운 하얀 공간 '모네'

모네관에는 모네 후기의 〈수련〉 시리즈 네 점이 전시되어 있는데, 온통 새하얀 그 공간에 들어서자마자 정면의 기다란 수련 그림(200×300cm)과 맞닥뜨린다. 그 순간 '아~' 더운 숨이 푹 새어나온다. 자연적인 채광에만 의지하고 있어 시간의 흐름에 따라 변하는 빛과 함께 작품의 감상도 달라지는 것이 매력이다. 새롭게 리노베이션을 한 파리 오랑주리 미술관 1층의 모네 수련관도 이처럼 자연광의 변화를 한껏 느낄 수 있도록 구성되어 있다. 오랑주리의 수련에 비해 그림 자체의 규모도 작고, 작품 수도 적지만 관람 환경만큼은 비교도 할 수 없으리만큼 훌륭하다. 여기저기서 터트려 대는 플래시는 상상할 수도 없고, 새어나오는 탄성, 내쉬는 숨마저도 조심스러우리만치 고요한 하얀 공간 속에 나와 모네만이 있는 듯하다. 치추 미술관의 엄격한 관람 환경이 가장 효과적으로 빛을 발하는 공간이 모네관이다.

자연 채광이 매 순간 다른 느낌을 준다.

빛의 마술사 '제임스 터렐'

제임스 터렐은 빛의 마술사라 불리는 설치 미술가로, 2008년 가을 국내에서도 특별전 (오룸갤러리, 토탈미술관, 쉼박물관)이 열려 소개되었다. 인터뷰에서 그가 말하기를, 컬렉터들이 그에게 자신들이 사는 것이 대체 무엇이냐고 물을 때마다 채색된 공기와 푸른 하늘을 사는 것이라고 답한다고 했다. 치추 미술관의 제임스 터렐관에 마련된 세 개의 공간에서도 채색된 공기와 푸른 하늘, 그리고 빛의 움직임을 느낄 수 있다. 나오시마에서 밤을 보낼 계획이라면 제임스 터렐의 〈Open Sky〉라는 작품의 나이트 프로그램을 예약해보는 것도 좋겠다. 이 프로그램은 금요일과 토요일 해질 무렵 진행되며 예약제이므로 웹사이트나 전화로 사전 예약을 해야 한다.

대지 조각가 '월터 드 마리아'

월터 드 마리아는 자연과 예술을 아우르는 작품으로 알려진 대지 조각가며, 치추 미술관에 전시된 〈Time/Timeless/No time〉이란 작품은 압도적인 분위기의 계단과 그 가운데 놓여 진 커다란 구, 금색의 기둥, 그리고 빛을 받아들이는 천장의 창으로 이루어져 있다. 계단을 오르내리며 여러 각도와 시각에 따라 변하는 빛의 변화, 그에 따른 그림자의 움직임 등에 의해 전시관이 주는 감상은 무궁무진하다.

감성과 열정의 이름, 베네세 하우스

베네세는 '좋다'는 뜻의 '베네'와 '존재'라는 뜻의 '에세'를 붙여놓은 라틴어로 일본 출판계에서도 꽤 저력이 있는 그룹의 이름이다. 나오시마를 갤러리로 가꾸고자 하는 '베네세 아트 사이트 프로젝트'는 베네세 그룹의 후쿠다케 소이치로 회장의 발상이었다. 평소 현대미술에 관심이 많다는 그는 안도 타다오와 함께 낙후된 섬 나오시마를 그들의 감성과 열정이 녹아 있는 거대한 예술 섬으로 바꾸어놓았다. 베네세 그룹의 이름을 그대로 딴 베네세 하우스는 뮤지엄과 공원, 숙박시설을 갖춘 리조트 단지로 나오시마 남쪽 해안에 자리 잡고 있으며 모든 건축물은 안도 타다오가 디자인했다.

햇살에 반짝이는 세토내해를 바라보며 걷는 길은 20분이 아니라 2시간이어도 마냥 좋을 것만 같다.

일본의 작은 마을_

세토내해와 세토오하시가 내려
다보이는 카페

자유와 여유, 베네세 뮤지엄

베네세 뮤지엄은 지하 1층, 지상 2층의 규모이며 실내에만 총 39개의 작품이 전시되어 있고, 공원까지 이어지는 야외 전시실에도 조각품들이 전시되어 있다. 치추 미술관의 임격한 분위기에 비해 베네세 뮤지엄은 자유로운 이미지가 강하다. 뿐만 아니라 네 곳의 호텔 내부 곳곳에도 미술품들이 전시되어 있으니 리소트 전체가 거대한 미술관이다. 전시는 20세기 후반 현대 작가들의 회화 작품이 주를 이루나, 설치 작품과 조각 작품도 많다. 앤디 워홀, 잭슨 폴록, 리처드 롱, 데이비드 호크니 등 뜨르르한 작가들의 작품을 비롯하여 일본 현대 작가들의 작품이 꽤 많이 전시되어 있다. 그럼에도 불구하고 치추 미술관의 감상이 워낙 극적인지라 베네세 뮤지엄에 대한 평가는 다소 손해를 보는 것 같다.

아름다운 언덕과 바다, 하늘은 자연의 복도가 되고

치추 미술관에서 걸어왔던 방향의 해안을 따라 10분 정도 걸으면 조각공원이 나온다. 꽤 넓은 공간에 걸쳐 조성된 리조트는 각각의 건물이 하나의 전시관이 되고, 아름다운 언덕과 바다, 하늘로 이루어진 환경이 각 전시관을 이어주는 복도가 되고 있다. 이러한 거대한 갤러리와 같은 느낌은 베네세 하우스를 넘어 섬 전체로 확장되는 나오시마의 이미지다.

시간은 거꾸로 흐른다

베네세 하우스에서 마을버스를 타고 북쪽으로 10분, 노쿄마에 정거장에 도착하면 지금까지 보았던 세련되고 모던한 나오시마의 이미지가 완전히 무너진다. 고작 10분 거리일 뿐인데 시간을 거슬러 온 듯한 풍경이 펼쳐진다. 짧게는 수십 년, 길게는 200년도 넘은 오래된 집들과 햇살의 명암이 아련하게 공존하는 거리는 단순히 예쁘다는 감상보다 강한 인상이다.

현대 예술의 의도된 만남과 아름다운 시선

혼무라의 낡고 오래된 집들을 모티브로 시작된 '이에(家) 프로젝트'는 이름 그대로 집을 주제로 낡은 집을 새롭게 변화시키고 여기에 현대 작가들의 미술품을 조화롭게 배치한 7개의 공간, 즉 7개의 집으로 구성되어 있다.

혼무라 지역의 핵심은 이에 프로젝트라 할 수 있겠지만, 결코 이것이 전부는 아니다. 7개의 특별한 '집' 외에도 다양하고 독특한 오래된 집들이 많이 있다. 심지어 이런 집들에 '야고(屋号)'라는 별칭까지 붙여놓고 혼무라 지역, 나아가 나오시마 사람들의 일상적인 소통을 의미하는 이름으로 부르고 있다.

카도야(角屋)는 200년 된 고옥을 건축가 타다시 야마모토가 개조한 것으로 타쓰오 미야지마의 작품 3개가 전시되어 있다. 다다미가 있어야 할 곳에 물을 가득 채운 연못에 숫자들이 떠다니는 작품을 비롯, 다른 두 작품도 숫자를 모티브로 한 것이다.

카도야가 있는 오밀조밀한 골목을 조금 벗어난 곳에 위치한 고오진자(護王神社)는 에도시대로부터 전해져오던 혼덴(본전)을 복구하고 하이덴(배례를 위한 장소)을 새롭게 디자인하여 완성한 곳이다. 도리이를 지나 산속으로 올라가면 땅과 하늘을 이어주는 유리로 된 계단이 인상적인 작품 〈Appropriate Proportion〉이 있다.

▲ 카도야의 오래된 집에서 벌어진 숫자들의 향연
▼ 고오진자의 하늘과 땅을 이어주는 유리 계단

하이샤(はいしゃ, 치과의사)는 이름 그대로 치과면서 치과의사의 집이기도 했던 건물을 리노베이션하여 만든 공간이다. 혼무라에서 가장 독특하고 복잡한 모습으로 튀는 이 건물은 조각적이기도 하고 회화적이기도 하다. 내부는 외관보다 몇 배 더 독특하고 복잡해서 집을 이루고 있는 잡동사니들을 하나하나 보려면 시간이 꽤 걸린다.

이시바시(石橋)로 가는 길은 바다가 보이며 집들의 느낌도 사뭇 다르다. 작은 섬 나오시마의 작은 동네에 불과한 혼무라에서 느낄 수 있는 감상은 상상 이상으로 다채롭다. 골목 안쪽에 들어앉은 이시바시는 한때 번성했던 나오시마 제염업의 흔적을 볼 수 있는 곳으로 역사적, 문화적 유산이라 할 수 있다. 저장고 건물에 히로시 센조의 작품이 전시되어 있으며, 메인 건물은 2009년 10월에 공개될 예정이다.

▲ 혼무라에서 가장 튀는 치과의사의 집, 하이샤

▼ 번성했던 제염업의 흔적, 이시바시(石橋)

요시히로 스다의
〈Tree of Spring〉(2006),
원제는 '쓰바키(椿, 동백나무)'다.

고카이소(碁會所, 기원)도 이름에서 알 수 있듯이 예로부터 바둑을 하기 위해 모이던 장소에 세워졌다. 이 공간은 '담배연기와 영감님들'이 떠오르는 기원의 이미지와는 다소 이질적인 '꽃'으로 장식되어 있으며, 외관부터 전시된 작품에 이르기까지 이에 프로젝트의 여러 공간들 가운데 가장 여성스럽고 예쁜 공간이다.

킨자(きんざ)는 버려진 채 방치된 100년 고가(古家)를 전통적인 방식을 살려 예술로 승화시킨 곳으로 사전 예약(www.naoshima-is.co.jp/#/art/kinza/info_en)에 의해서만 공개된다. 금·토·일요일과 공휴일에 한해 오전 11시부터 오후 1시, 오후 2시부터 4시 30분까지 관람이 가능하고, 관람 시간은 최대 15분으로 제한되어 있다. 또한 이에 프로젝트 입장료와는 별도로 500엔을 추가적으로 내야 한다.

나오시마의 처음과 끝이 되는 곳
미야노우라 항구

나오시마는 섬이다. 그러하기에 나오시마의 처음도 끝도 항구다. 미야노우라 항구는 베네세 아트 프로젝트가 상륙하기 전 나오시마가 낙후되고 버려진 작은 섬에 불과했음을 짐작하게 하는 소박하고 평범한 항구의 풍경이 남아 있다.

멀어지는 나오시마를 바라보며 나오시마에서 가져온 것들과 나오시마에 두고 온 것들을 생각한다. 항구로 돌아오는 버스에서 보이던 예쁜 소학교를 떠올리며 머지않아 다시 찾으리라 다짐도 한다. 그때는 꼭 나오시마에서 밤을 보낼 것이며, 혼무라에서 미야노우라 항까지 걸어가보고 싶다.

홋카이도(北海道, Hokkaido)의 작은 마을

이국적 정취가 숨이 막힐 듯 아름다운 홋카이도

아름답고 드라마틱한 해안선을 가진 열아홉 개의 언덕 하코다테, 잔잔한 온천탕 수면 위로 백조들이 여유를 부리는 소박한 로텐부로 굿샤로코, 무지갯빛 라벤더 꽃길이 장관인 후라노, 초록빛과 흙빛이 어울린 드넓은 초원 비에이. 홋카이도의 작은 마을들이 주는 벅찬 감동은 그 자체만으로 마냥 행복하다.

열아홉 개의 언덕을 가진 마을
하코다테 函館

하코다테는 사실 작은 마을이 아니다. 홋카이도 서쪽 남단의 항구도시로 홋카이도 제1의 도시로 번영을 누린 곳이다. 하코다테는 여전히 그 명성을 이어가고 있는 홋카이도의 중심 도시임에 틀림이 없지만 코다테 역 주변 아름답고 드라마틱한 해안선을 가진 하코다테 서쪽 지역의 열아홉 개 언덕은 걸어 다니기에도 충분히 아담한 작은 마을이다.
그 언덕을 하나하나 찾아다니며 그 위에 올라서서 하코다테의 바다를 내려다본다. 그 바다는 일본에서 가장 일찍 문을 연 개항의 역사를 가진 바다인 동시에 소박한 풍경으로 부지런히 움직이는 바다기도 하다.

일본의 작은 마을_

local traffic 역을 중심으로 언덕이 자리 잡은 서쪽 지역만 머무를 예정이라면 도보 이동이 가능하다. 그러나 시간을 단축하고 싶다면 버스를 이용할 수 있으며 노면전차를 타보는 것도 재미있다(1일권 600엔). 버스 : ☎ 0138-51-3137, 하코다테 교통국 : ☎ 0138-32-1730

트라피스트 수도원은 하코다테 역에서 오시마토베쓰 역까지 40분 거리에 위치한다. 하코다테 역 안 관광안내소에서 기차 시간표를 받을 수 있는데, 그 뒷면에는 오시마토베쓰 역에서 수도원으로 가는 약도가 그려져 있다. 수도원 내부는 남자에게만 공개되며, 사전 예약을 통해 통제되고 있다.

key word 언덕 전망, 구시가 교회, 아사이치, 노면전차, 수도원

taste 아름다운 열아홉 개의 언덕에서 바다를 바라보고 싶은 그대들

the others 하코다테는 맛있는 것이 많기로 유명한 곳이다. 아사이치의 해산물 외에도 싱싱한 오징어와 시오 라멘 등도 맛보자.

lodges information 역 주변에 적당한 가격의 호텔이 여럿 있으며, 모토마치 주변의 민슈쿠도 매력적이다. 하코다테 숙박 정보 : http://www.hakodate-kankou.com/f/index_k.html

하코다테의 언덕

열아홉 개의 언덕에는 제각각 다른 이름이 붙어 있다. 북쪽 끝에서부터 우오미자카(漁見坂, 물고기가 보이는 언덕), 후나미자카(船見坂, 배가 보이는 언덕), 치토세자카(千歳坂, 1,000세 언덕), 사이와이자카(幸坂, 행복한 언덕), 스가타미자카(姿見坂, 전신거울 언덕), 토키와자카(常磐坂, 영원한 언덕), 야요이자카(弥生坂, 3월 언덕), 아즈마자카(東坂, 동쪽 언덕), 모토이자카(基坂, 기초가 되는 언덕), 히요리자카(日和坂, 좋은 날씨 언덕), 하치만자카(八幡坂, 하치만신 언덕), 다이산자카(大三坂, 이 언덕에 있던 오래된 여관의 이름을 땀), 차차노보리(チャチャ登り, 할아버지 언덕), 니쥬켄자카(二十間坂, 36m에 이르는 언덕), 난부자카(南部坂, 난부라는 이름을 가진 씨족의 본부 이름을 땀), 야치자카(谷地坂, 1934년

하코다테 항이 내려다보이는 언덕　　　　　　　　　　　거리에 가득한 수국

큰 화재 이후 에도시대의 모습을 거의 간직하고 있는 곳), 고코쿠진자자카(護国神社坂, 호국 신사 언덕), 아사리자카(あさり坂, 아시리라는 부족의 이름을 땀), 아오야기자카(靑柳坂, 푸른 버들 언덕)까지 지도에 표시된 언덕을 찾아다니는 산책길이 흥미롭다.

하코다테 항이 내려다보이는 언덕에는 평범한 생활의 흔적이 가득해서, 무슨 성지를 탐험하는 듯 언덕을 찾아다니는 나의 행보는 다소 어색하기도 하지만, 그래서 더 재미있는 곳이다.

비슷비슷한 언덕의 전망 가운데에서도 가장 아름다운 곳은 하치만자카다. 하치만자카의 명성은 일본 전역에 자자해서 CF나 드라마, 영화 촬영 장소로 자주 등장하는 배경이 되기도 했단다. 물빛과 초록빛이 어우러진 하치만자카의 첫인상은 참으로 깨끗하다는 느낌이다. 이 예쁜 언덕을 배경으로 어떤 광고를 찍었는지 모르지만, 무엇을 팔아도 좋을 것 같다. 매일 아침 이 언덕에 올라 상쾌한 공기를 들이키며 기분 좋은 하루를 시작하니, 하코다테가 아름답게 느껴질 수밖에 없다.

일본의 작은 마을 _

하치만자카와 다이산자카 주변은 모토마치(元町)라 불린다. 개항 시대 분위기가 한껏 느껴지는 모토마치 구시가에는 그 시절에 세워진 교회도 여럿 남아 있는데, 그 가운데에서도 러시아정교회 건물이 가장 두드러진다. 흰색 건물에 민트색 지붕이 산뜻한 비잔틴 양식의 이 건물은 1916년에 재건된 것이지만, 이 교회의 원형은 일본에서 가장 오래된 교회라 일컬어졌던 것이란다. 담장을 타고 오른 장미와 함께 올려다보는 모습과 차차노보리 위에서 내려다보는 모습이 가장 아름다운 것 같다.

트라피스트 수도원

하코다테에 머무는 동안 하루쯤은 외곽으로 다녀올 계획을 세워도 좋다. 내가 선택한 곳은 트라피스트 수도원이 있는 오시마토베츠다. 하코다테 역을 출발한 기차는 40분을 달려 오시마토베츠 역에 도착했다. 철길을 따라 걷는 기분 좋은 길은 근사한 가로수 길로 이어진다. 쭉쭉 뻗은 아름다운 가로수 길의 끝에 수도원이 있는 모양이다.

수도원 가는 길에 있는 쭉쭉 뻗은 아름다운 가로수

트라피스트회는 속세와 완벽히 단절된 공간에서 엄격한 공동생활을 하는 것으로 유명하다는데, 이곳에서는 수행 외에는 할 수 있는 것도 없겠다 싶다. 아무리 둘러보아도 온통 산이고, 숲이고, 벌판이다. 수도원이 들어서기에 좋은 입지조건임에 틀림이 없지만, 가벼운 맘으로 소풍 다녀가기에도 더없이 좋은 곳이다.

가로수 길 끝에 위치한 수도원

카이센동, 세 종류의 해산물을 고를 수 있다.

하 코 다 테 의   바 다

하코다테에서 내가 머문 서쪽 지역은 해안선이 드라마틱하게 굽은 데다 항구도 여럿이라 바다를 바라볼 수 있는 다양한 전망을 가진 곳이다. 바다를 옆에 둔 산책길에는 근사한 요트도 있고, 소박한 어선도 있다. 낚싯대를 드리운 할아버지들도 있고, 특유의 고고한 표정으로 노을을 바라보는 갈매기도 있다. 아침저녁으로 오가며 바라보는 하코다테의 바다는 평온하면서도 부지런한 인상이다.

매일 열리는 아사이치(朝市, 아침시장)에는 신선한 해산물이 가득한데 우니(うに, 성게 알)를 그 자리에서 쪼개주기도 한다. 뿐만 아니라 신선한 해물 덮밥 카이센동(海鮮丼)을 파는 가게들도 빽빽하게 들어서 있다.

바다를 옆에 둔 산책길에서 본 근사한 요트

하코다테야마의 카페에서 바라본 야경

아름다운 야경

하코다테의 아름다운 해안선을 제대로 보려면 하코다테야마에 올라야 한다. 수많은 타이틀을 붙여놓은 야경이 특히 아름답기로 유명하다. 하코다테에서의 마지막 밤, 드디어 그 모습을 보기 위해 로프웨이를 탄다. 아쉽게도 산 위에는 구름이 가득하다. 아쉬움을 가득 안고 산 정상에 오른다. 뿌옇게 가려진 구름 아래, 하코다테의 해안선이 희미한 모습을 드러내고 있다.

백조와 함께하는 로텐부로
굿샤로코 屈斜路湖

쿠시로 습지 북쪽의 호수 지역을 포함하는 거대한 아칸 국립공원 가운데 가장 큰 규모의 호수인 굿샤로코에 추위가 찾아오면 백조들이 모여든다. 잔잔한 온천탕의 수면 위에 비친 말간 하늘에 구름이 떠다니고, 그 너머로 눈보다도 얼음보다도 시린 빛깔의 백조들이 여유를 부리는 코탄 로텐부로는 그 허름하고 소박한 규모 탓에 더욱 정겹다.

location & approach 키요사토초에서 마슈까지는 천천히 달리는 기차로 45분이 걸린다. 귀여운 간이역, 무인역 옆에 딸려 있는 카페 등을 지나는 길은 지루하지 않다.
local traffic 호스텔의 픽업 서비스를 이용할 수 있으며, 굿샤로코까지는 걸어서 갈 수 있다.
key word 굿샤로코, 백조, 로텐부로
taste 특별한 관광보다는 편안한 휴식이 필요한 그대들
the others 굿샤로코에 모여드는 백조를 보려면 추운 계절에 가야 한다. 여름이면 카누와 함께 푸른빛이 가득한 호수를 돌아볼 수 있다.
lodges information 굿샤로겐야 유스호스텔: www.gogogenya.com, ☎ 0154-84-2609, master@gogogenya.com

특이하게 생긴 산장

홋카이도 동쪽의 여러 호수들 가운데 굿샤로코를 선택한 이유에 한몫을 한 것이 바로 굿샤로겐야(屈斜路原野) 유스호스텔이다. 특이한 목조건물도 맘에 들고, 숙소에서 호수까지 산책 거리도 적당해서 만족스럽다.

저 멀리 특이한 모양의 건물이 보이기 시작한다. 내부에 들어서니 생각보다 아담한 규모라 맘에 든다. 1층에는 리셉션과 식당, 화장실과 목욕탕이 있고, 객실은 2층이다. 2층에서 1층을 내려다볼 수 있는 운치 있는 구조에 코타쓰(こたつ, 일본 전통 난방기구)가 놓인 공간도 마련되어 있다. 그러나 굿샤로겐야의 가장 큰 자랑은 저녁식사다. 전통 료칸과 같은 카이세키는 아니지만 간소화된 퓨전 카이세키는 과연 자랑해도 좋을 만큼 맛이 있다.

 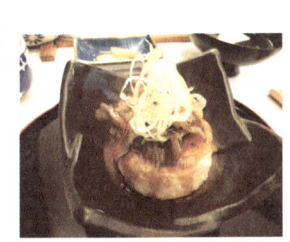  

따뜻한 커피 한 잔과 찐 감자가 주는 정다운 인상

호숫가 산책로 길 건너 귀여운 간판의 카페 지지카누(ヂヂカ, 할아버지 카누). 이곳은 켄이치상과 나오코상 부부가 운영하는 정겨운 곳이다. 나오코상은 한국 음식과 한국 드라마를 좋아한단다. 내가 한국 사람이란 걸 알자마자 아이처럼 폴짝 뛰어오르며 좋아한다. 히로시마 출신인데 왜 홋카이도에 있냐고 물었더니 그냥 눈이 좋단다. 너무 귀엽고 순수한 나오코상과 자상하고 느긋한 미소를 지닌 사람 좋아 보이는 켄이치상. 이 조용한 호숫가에 정다운 인상을 만들어주는 사람들이 있는 카페다.

따뜻한 커피 한 잔을 마시고 있으니, 찐 감자 한 알을 소담스레 내어준다. 이것이 그 유명한 홋카이도 자가이모(じゃがいも, 감자). 일본에서 감자로 만든 과자 광고에는 홋카이도 자가이모로 만들었다며 고급화를 강조하는데, 과연 이름값을 하는 맛이다. 타박타박한 질감이 너무 좋다. 커피도 마시고, 감자도 먹고, 카페를 찾은 동네 분들과 인사도 나누며 꽤 오랜 시간 머문다.

따뜻한 커피와 함께

먹을 수 있는

자가이모

일본의 작은 마을 _

백조들과 함께 즐기는 로텐부로

나의 목적지는 코탄 로텐부로(コタン露天風呂). 코탄은 아이누족이 모여 사는 촌락을 부르는 말이다. 산책로를 계속 따라가다 코탄 로텐부로를 알리는 이정표를 발견하고 아래로 내려가니, 허름하고 조그마한 로텐부로가 보인다.

호숫가 로텐부로에 가까워지니 잔잔해진 로텐부로 욕탕의 수면에 말간 하늘에 드문드문 흰 구름이 그대로 담긴다. 그리고 그 욕탕 너머로 백조들이 보인다. 겨울이면 살얼음이 얼어 시린 겨울 빛이 가득한 호수에 백조들이 모여들어 우아하고 한가롭게 떠다닌다.

제각각 딴 짓을 하고 있는 백조들을 유심히 쳐다보기도 하고, 그 무리 어디엔가 즈음을 멍하니 바라보기도 한다. 갑자기 날아올라 반대편 호숫가로 가버리기도 하고, 또 더러는 반대편에서 이리로 날아들기도 하며, 무리는 늘 일정한 수를 유지한다. 이 모습 한 번 보려고 예까지 온 이유가 무색하지 않다. 그러나 결국 탕에 몸을 담그는 것은 포기다. 돌덩이 하나를 사이에 둔 혼탕이나 마찬가지가 아닌가. 이건 도저히 못하겠다.

숨이 막힐 것 같은 라벤더 꽃길
후라노 富良野

홋카이도를 떠올리면 아무래도 겨울의 로망이 우선이다. 내게도 역시 그랬지만 혹독한 겨울 추위에 용기를 내지 못하고 홋카이도의 여름을 먼저 만난다.

그 여름은 가진 상상력을 총동원하며 기대에 부풀었던 것 이상으로 평화롭고, 고요하고, 아름답다. 라벤더의 은은한 향과 빛깔에 취하고, 무지개를 펼쳐놓은 듯 색색의 물결을 이룬 꽃길에 들어서면 숨이 막힐 것만 같다.

location & approach 여름에만 한시적으로 운행하는 후라노 익스프레스를 타면 삿포로에서 후라노까지 2시간이면 충분하다. 우리나라에서 아사히카와까지 직항 노선도 있으므로 이 지역만을 돌아볼 작정이라면 아사히카와 공항을 이용하는 것이 더 편리하다.

local traffic 후라노에서 비에이 지역을 함께 돌아보려면 자동차가 있어야 한다. 후라노 역이나 아사히카와 공항에서 렌트할 수 있다. 자전거를 탈 수 있다면 한나절 정도는 비에이 역에 자동차를 세워두고 자전거를 빌려 비에이의 초원을 달려보는 것도 좋다.

key word 라벤더, 색색의 꽃길

taste 아무것도 하지 않아도 되는 아름다운 여행지를 꿈꾸는 그대들

the others 이 지역은 스키를 즐길 수도 있고, 눈이 내린 고요하고 아름다운 풍경이 근사해 겨울철에도 인기가 많다. 단, 겨울에 이곳을 찾을 때에는 숙소의 픽업 서비스 등을 이용하는 것이 좋겠다. 어느 계절에 가든, 읽고 싶은 책은 꼭 챙겨가도록 한다. 해바라기의 고향이라 부르는 호쿠류초는 비에이에서 70~80km 떨어진 곳에 위치해 있다.

lodges information 후라노 지역에는 호텔이 많이 모여 있다. 후라노 숙박 정보 : www.furano.ne.jp/plaza/03.html

숨 막히는 후라노의 꽃밭

후라노의 꽃길은 팜 도미타(Farm Tomita)가 있는 나카후라노(中富良野) 지역과 플라워랜드가 있는 카미후라노(上富良野) 지역이 유명하다. 우선 가장 유명한 팜 도미타를 찾기로 한다. 홋카이도의 여름을 가장 아름답고 향기롭게 수놓는 것은 라벤더다. 그러나 아쉽게도 라벤더는 7월에 절정을 이룬다. 8월에 접어든 지금은 말하자면 끝물인 셈이다. 그런데 마음을 비운 탓인지 8월의 라벤더도 나쁘지 않다. 강렬한 보랏빛 물결은 아니지만 은은하게 펼쳐진 라벤더 꽃길에 들어서니 그 향만큼은 짙고도 깊다. 라벤더보다 강렬한 샐비어가 한창이다. 샐비어의 붉은빛이 이토록 강렬했던가 싶다. 어우러진 보랏빛 샐비어와 함께 팜 도미타의 8월을 지키고 있다.

라벤더에 대한 아쉬움은 그린하우스에서 달랠 수 있다. 그린하우스의 온실에서는 한겨울에도 라벤더를 볼 수 있다. 농장의 꽃길을 둘러보며 라벤더 카루피스도 한잔 마셔본다. 사실 라벤더 아이스크림이 제일 인기가 많다.

은은한 향에 어울리는 고상한 보랏빛이 연한 초록빛과 어우러져 너무 갖고 싶은 라벤더 화분 주변을 떠나지 못하겠다. 7월의 화려하고 강렬한 보랏빛 물결보다 은은한 이 빛깔이 더 좋다. 급하게 떠나 절정을 놓친다며 뾰로통했던 맘이 스르륵 풀어진다. 라벤더 향은 확실히 진정효과가 뛰어남이 증명되는 순간이다.

조금 더 북쪽으로 올라가 카미후라노의 플라워랜드로 간다. 이동하는 길에도 온통 꽃향기가 가득하다. 홋카이도의 널찍하고 한산한 도로에서는 아무리 천천히 달려도 경적을 울리며 재촉하는 사람이 없다.
홋카이도의 여름을 달려 플라워랜드에 도착하니 방사형으로 펼쳐진 언덕 아래로 끝이 보이지 않게 펼쳐진 꽃길은 그 화려한 색에도 불구하고 어쩐지 아득한 기운이 감돈다.
꽃밭 입구의 왁자지껄 어수선한 아케이드에 들어서니 홋카이도 특산물이 가득한 시장이다. 멜론도 한 조각 얻어먹고, 좋아하는 스위트 콘도 하나 사들고 나오니 그제야 꽃길은 감동만이 가득한 아름다운 모습으로 들어온다. 배가 고팠던 모양이라며 위로하고 꽃길 속으로 들어가니, 그늘이라곤 없는 이 길을 하루 종일이라도 걸을 수 있을 것만 같다.

홋카이도의 작은 마을_235

일본의 작은 마을_

작은 요정 닝구루가 살았다는 아기자기한 마을

후라노에 어둠이 내리면 늦도록 손님을 맞는 바와 레스토랑이 기다리고 있다. 그리고 밤에 더 예쁜 '닝구루 테라스(Ningle Terrace)'도 있다. 닝구루 테라스의 소유주인 구라모토 사토는 일본의 장수 드라마 〈기타노쿠니카라(北の国から, 북의 나라에서)〉의 극작가다. 〈기타노쿠리카라〉는 우리나라 〈전원일기〉 같은 드라마로 훗카이도의 소박함이 가득하여 도시인의 향수를 자극하는 등 큰 인기를 누렸다. 덕분에 드라마가 종영된 이후에도 찾는 이들이 많단다. 그리하여 후라노에 남다른 애정을 가졌을 구라모토 사토가 아기자기한 통나무 공방들을 모아 작은 마을, 닝구루 테라스를 만든 것이다.

후라노 델리스에 먼저 들러 우유푸딩과 비스코티 등 몇 가지를 사들고 닝구루 테라스에 들어서니, 조명을 밝혀놓은 아담한 공방과 시냇물 사이로 이어지는 오솔길이 예쁘다. 시골의 작은 마을에서는 대개 심심하고 무료한 밤을 보내게 마련인데, 후라노의 밤은 아기자기하면서도 나름 풍성하다.

라벤더의 아쉬움을 달래주는
아득한 해바라기

라벤더가 빛을 잃어가는 후라노에도 8월의 해바라기가 한창이다. 종류도 다양한 해바라기들이 곳곳에 무리를 이룬 풍경이 자주 보인다. 메밀꽃과 함께 아득한 느낌을 주는 비에이의 해바라기도 좋지만, 히마와리노사토(ひまわりの里, 해바라기의 고향)라 부르는 호쿠류초에 다녀오기로 한다. 해바라기를 생각하면 고흐의 〈해바라기〉보다도 늘 소피아 로렌이 먼저 떠오르곤 하는데, 호쿠류초의 해바라기는 소피아 로렌을 닮았다. 오늘 따라 짙은 하늘의 파란빛과 대조를 이루는 강렬한 해바라기에 자꾸만 소피아 로렌의 얼굴이 오버랩된다. 전망대에 오르니 해바라기 밭의 규모를 실감할 수 있다. 저 오솔길 어디쯤에서 미오와 타쿠미가 만날 것만 같다(영화 〈지금 만나러 갑니다〉의 엔딩신이 촬영된 해바라기 밭은 야마나시켄 아키노무라에 있다).

일본의 작은 마을_

가슴이 탁 트이는 초원, 옥빛 가득한 한가로운 마을
비에이 美瑛

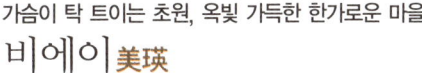

황홀한 꽃밭의 벅찬 감동은 비에이의 넓은 초원으로 이어진다. 초록빛과 흙빛이 어우러진 전망은 끝도 없이 이어지고, 그 길의 구석구석엔 이곳에 꼭 어울리는 카페들이 숨어 있다. 이곳에서는 아무것도 하지 않아도 마냥 행복할 수 있다.

location & approach 여름에만 한시적으로 운행되는 후라노 익스프레스를 타면 삿포로에서 후라노까지 2시간이면 충분하다. 우리나라에서 아사히카와까지도 직항 노선이 있으므로 이 지역만을 돌아볼 작정이라면 아사히카와 공항을 이용하는 것이 더 편리하다.

local traffic 후라노에서 비에이 지역을 함께 돌아보려면 자동차가 있어야 한다. 후라노 역이나 아사히카와 공항에서 렌트할 수 있다. 자전거를 탈 수 있다면 한나절 정도는 비에이 역에 자동차를 세워두고 자전거를 빌려 비에이의 초원을 달려보는 것도 좋다.

key word 아름다운 초원, 자연을 담은 카페

taste 아무것도 하지 않아도 되는 아름다운 여행지를 꿈꾸는 그대들

the others 이 지역은 스키를 즐길 수도 있고, 눈이 내린 고요하고 아름다운 풍경이 근사해 겨울철에도 인기가 많다. 단, 겨울에 이곳을 찾을 때에는 숙소의 픽업 서비스 등을 이용하는 것이 좋겠다. 어느 계절에 가든, 읽고 싶은 책은 꼭 챙겨가도록 한다.

lodges information 비에이의 초원에는 통나무집이나 오두막처럼 아기자기한 펜션이 많다. 성수기에 비에이 펜션에 묵고 싶다면 예약을 서두르는 것이 좋다. 워낙 인기가 많아 금방 마감이 되고 만다.

비에이 숙박 정보 : www.biei-hokkaido.jp/kr/index.html

겹겹이 펼쳐지는 푸른 초원

후라노의 상징이 꽃이라면 비에이의 상징은 겹겹으로 펼쳐지는 초원이다. 흙빛이 그대로 드러난 벌판과 초록빛이 선명한 초원이 마치 천 조각을 이어붙인 듯 보인다. 실제로 이곳을 '패치워크 길'이라 부른다. 〈아메리칸 퀼트(How To Make An American Quilt, 조셀린 무어 하우스, 1995)〉에 나오는 동네 할머니들이 함께 만들던 핀의 웨딩 퀼트처럼, 이 길도 끝이 보이지 않는다. 이처럼 가슴이 탁 트이는 시원한 전망 덕분에 비바우시 역 주변은 '파노라마 로드'라고 불린다.

두 눈 가득 초록빛을 담을 수 있는 비에이는 우리식으로 읽자면 '미영(美瑛)', 아름다운 옥빛이 가득한 한가로운 마을이다. 이곳에 활력을 불어넣는 것은 빨간 지붕의 창고들이다. 감당하기 힘들 정도로 광활하게 펼쳐지는 초록빛 사이로 더욱 강렬하게 두드러지는 빨간 지붕은 그야말로 동화 같은 풍경이다. 놀고먹을 것도 별로 없는 시골마을은 이 풍경 하나로 사람들을 끌어들인다. 그렇게 모여든 사람들은 사진을 찍어 대고, 그림을 그리며 마을의 정취를 담아가려 애를 쓴다.

홋카이도의 작은 마을_243

하늘을 보는 것

비에이에서 맞은 세 번의 아침은 하늘을 보는 것으로 시작한다. 구름 한 점 없는 파란 하늘을 내심 기대했지만 애꿎은 하늘은 내내 구름이 한가득이다. 약이 오르기도 하고 화도 난다. 하지만 때로는 아주 근사한 구름을 만나기도 한다. 파란 하늘을 더욱 돋보이게 만드는 구름은 그야말로 두둥실 떠 있다. '두둥실'이란 표현이 딱 맞아떨어지는 구름을 보고 나니 '두둥실'이란 함부로 쓸 수 있는 말이 아니었구나 싶다. 높낮이를 막론하고 건물이라 할 만한 것이 없는 비에이의 초원에 서서 바라보는 하늘은 넓고도 깊다.

내가 기억하는 가장 아름다운 하늘은 호주 멜버른의 하늘이다. 그 하늘도 근사한 구름이 있어 더 인상적이었는데 비에이의 하늘도 그러하다. 비단 비에이만이 아니다. 기차 창밖으로 보이는 홋카이도의 하늘 덕분에 이동하는 시간이 지루하지 않다. 구름이 있어 더욱 근사한 하늘이다.

일본의 작은 마을 _

이정표가 되는 나무

한 바퀴를 빙그르 돌아보아도 한결같은 비에이의 초원에서 유일하게 두드러지는 것은 특별한 이름까지 붙여놓은 나무들이다. 그 가운데 오야코노키(親子の木)와 비바우시의 크리스마스트리노키(クリスマスツリの木)가 제일 좋다. 오야코노키는 정말이지 엄마, 아빠와 아이가 함께 있는 것 같다. 양팔을 벌려 엄마, 아빠 손을 꼭 잡고 있는 것 같은 모습은 아무리 보아도 지루하지 않다.

비바우시의 파노라마 로드에 서 있는 크리스마스트리노키는 그 생뚱맞고 새침한 모양새보다도 길게 늘어뜨린 그림자에 반하고 만다. 길 찾기에 도움이 될 만한 조형물이 없는 비에이와 비바우시의 근사한 이정표가 되기도 하는 나무들이 재밌다.

일본의 작은 마을_

자전거가 아쉽다

창밖으로 보이는 풍경이 없다면 쭉쭉 뻗은 홋카이도의 한산한 도로를 달리는 것은 다소 심심할지도 모르겠다. 사실, 나는 자전거를 타지 못해 전체 일정을 자동차로 움직였다. 자전거를 타고 비에이의 초원을 따라 달리는 이들을 볼 때마다 무척이나 부러웠다. 자전거가 비에이를 여행하는 데 더 좋은 수단이 될지도 모르겠다. 자전거를 탈 수 있다면 일정 가운데 하루 정도는 자전거만으로 돌아다녔을 것이다.

그 아쉬움은 튼튼한 두 다리로 메운다. 자동차보다는 자전거가, 자전거보다는 두 발로 걸어 다니는 것이 더 많은 것을 보게 한다. 세워둘 만한 곳이 나타나기만 하면, 차는 거기에 버려두다시피 하고 비에이의 숨겨진 모습들을 찾아다니곤 한다.

하 루 가 일 찍 끝 난 다

대부분 농가고 그나마 몇 개 있는 카페들도 다섯 시면 하루를 마감한다. 마을에서 묵어가는 관광객들도 대부분 숙소에서 저녁을 먹고 아홉 시가 되기 전에 잠자리에 든다. 어찌 보면 비에이의 밤은 심심하다. 덕분에 고요한 시골 밤을 제대로 느낄 수 있긴 하지만, 그래도 역시나 심심하다. 가져온 책도 벌써 몇 번을 읽었는지 모른다. 이곳에서는 이곳 사람들처럼 일찍 자고 일찍 일어나는 게 상책이다. 일찍 잠든 여행자들도 여섯 시면 일어난다. 부지런한 마을이다. 하루를 일찍 시작한다는 것 외에는 아무것도 하지 않아도 좋다.

마지막 남은 하루를 생각하니 이 밤이 아쉽기만 하다. 매일 오르던 언덕에서 바라보는 시가지의 모습도, 숙소 앞 도로에서 바라보는 노을도 너무 아쉽다. 아무래도 마지막 밤엔 일찍 잠들지 못할 것 같다.

카 페 굿 라 이 프

비에이에 머무는 동안 가장 어렵게 찾아간 카페는 아사히카와에 있는 'Cafe Good Life' 이다. 아사히야마 동물원 근처에 있는 곳으로 비에이에서는 30분 정도 떨어져 있다.
카페의 할아버지만 졸졸 따라다니던 개가 내 옆에 자리를 잡고 엎드린다. 개의 이름을 물으니 '손도로' 란다. 뜻을 물었더니 노르웨이 출신 천재 싱어송라이터, 손드르 레르케(Sondre Lerche)의 이름을 땄단다.
일본인들은 특히 스칸디나비안 스타일을 좋아하는 것 같다며 운을 떼어봤더니, 할아버지는 신이 나서 말씀을 잇는다. 홋카이도와 북유럽은 기후조건이 비슷해서 그런지 사람들의 사고방식도 닮아 있다며, 인간의 본성까지 들먹이는 난해한 대화가 되고 만다. 모르는 단어가 너무 많이 나와서 머리가 아프다. 카레는 맛있는데, 어디로 들어가는지 모르겠다. 그렇기 해도 할아버지와의 대화는 무척 유쾌하다.

테라스와 카페 사이의 숨겨진 공간에 생각지도 못한 음악이 울려 퍼진다. 이런 공간에 이런 음향시설이라니 놀랍다. 한쪽 벽을 걷어 올린 채 완전히 오픈된 이 공간 밖에도 스피커가 설치되어 있어서 마당에 나가 들어도 그 소리가 그야말로 환상적이다. 이 근사한 공간에서 커피를 마시며 올드팝을 듣고 있으니, 하루를 온전히 이곳에서 보내고 싶은 맘이 생길 지경이다. 숙소에 돌아온 후 비에이라는 이름을 붙인 우유와 함께 쿠키와 머핀을 먹으며 한낮의 카페를 떠올리니 벌써 그곳이 그립다.

홋카이도의 작은 마을_251

#05

오키나와(沖繩, Okinawa)의 작은 마을

푸른 바다와 푸른 하늘, 개성 넘치는 오키나와

빼어난 자연 환경과 외세 침략의 아픔을 동시에 간직하고 있는 곳, 오키나와. 무수한 산호초가 어우러진 남국의 해변과 투명한 에메랄드빛 바다는 각종 리조트와 다이빙으로 인기가 높으며, 여러 나라의 침략 속에 형성된 오키나와의 문화와 전통은 수많은 섬만큼이나 다양한 형태로 존재하고 있다. 유기농 밥상과 산호로 만든 젓가락받침이 인상적인 비치 로쿠 빌리지, 오키나와 도자기 특유의 색감과 무늬를 볼 수 있었던 요미탄의 야치문노사토, 오키나와 건축의 오랜 전통을 이어가는 소박한 마을 쿠다카지마, 매년 수많은 다이버들이 모인다는 다이버들의 천국 자마미지마와 아카지마, 바다의 포도라 불리는 짭조름한 우미부도를 맛볼 수 있었던 세소코지마. 이런 다양한 문화는 일본 속의 또 다른 일본이라 부르는 오키나와의 매력이 아닐까 싶다.

산속의 못 말리는 리조트 마을
비치 로쿠 빌리지 Beach Rock Village

《Love & Free》의 작가 타카하시 아유무. 영화〈칵테일〉을 흉내 내기 위해 바(bar)를 오픈하고, 자서전을 내고 싶어 출판사를 만들었다. 스물여섯살에 결혼을 하고, 부인과 함께 북극에서 남극에 이르는 긴 여행을 떠났다. 그리고 이곳 오키나와에 '비치 로쿠 빌리지(Beach Rock Village, rock 와 69의 발음이 같아 69Village라고 쓰기도 함)' 라는 리조트를 만들었다. 타카하시 아유무라는 이름만으로도 일본의 젊은이들을 끌어 모으는 이 재미난 동네에서 하룻밤 모험을 시작한다. 벌레도, 도마뱀도 함께!

location & approach 렌트를 하지 않는 이상 찾아갈 수 없다. 렌트를 하더라도 찾아가기가 쉽지 않다. 그러나 84번, 72번, 505번 도로에서도 69빌리지를 알리는 이정표를 발견할 수 있으니 용기를 내어 모험을 시작해도 좋다.
local traffic 일단 리조트에 들어온 이상 특별한 이동수단은 전혀 필요하지 않다. 그저 조심해서 잘 걸어 다니면 된다.
key word 타카하시 아유무, 자급자족 유기농 밥상, 숲 속 방갈로, 아와모리가 있는 바
taste 야생 속 로맨틱한 방갈로에서 잠들고 싶다면 벌레와 도마뱀도 감수할 수 있을 것 같다는 그대들
the others 이곳에서의 하룻밤에 엄두가 나지 않는다면 토리상이 자랑하는 피자를 먹으러 카페만 들러도 좋다. 이 리조트가 표방하는 일곱 가지 정신을 비롯하여 흥미로운 정보를 많이 발견할 수 있을 것이다.
lodges information 리조트에는 네 가지 타입의 객실이 있다. 독립적인 공간으로 티파(TIPA)와 티피(TIPPI)가 있고, 말하자면 도미토리인 코티지(cottage), 그리고 캠프촌이 있다. 원형의 방갈로가 티파(6,000엔)고, 뾰족하게 좁아지는 모양의 방갈로가 티피(5,000엔), 리셉션이 있는 오두막이 도미토리 숙소인 코티지(5,000엔)를 겸한다. 캠프촌의 텐트는 690엔이면 하루를 묵어갈 수 있다.
비치69빌리지 숙박 정보 www.shimapro.com, ☎ 0980-56-1126

정녕 이 길이 맞는 걸까?

횟토(Fit, 혼다의 야무진 차종)에 장착된 똑똑한 내비게이션을 믿었지만 그래도 어느 지점에서부턴 자꾸만 루트를 벗어난다. 몇 번을 되돌아왔는데도 어김없이 그렇다. 주의해서보니 진행 도로 옆으로 아주 좁은 오르막길이 하나 있다. 사람도 겨우 다닐 것 같은 길인데 차가 다닐 수 있을 리 만무하다. 그런데 그 길로 가란다.

화살표가 일러주는 산속 골목길로 들어가면 계속해서 다음 화살표를 만난다. 어쩐지 불안하고 불길한 예감이 드는 좁은 산길이다. 대관절! 정녕! 이 길로 올라가는 것이 맞는 것일까? 나의 드라이브 길을 즐겁게 해주던 라디오는 주파수를 찾지 못해 이미 오래전부터 치직거리고 있는 가운데 날마저 어두워지고 있다. 루트를 벗어났다며 계속해서 우회 도로로 안내하느라 성가시게 쫑알거리던 내비게이션은 언제부턴가 조용하다. 저도 어찌해볼 도리가 없는 산길로 접어든 모양이다. 현재 위치가 표시된 지도를 봐도 온통 산으로 둘러싸인 외길이다. 이런 산속에 리조트 마을이 있기는 있는 것일까? 69빌리지는 찾아가는 길부터가 모험이다.

일본의 작은 마을 _

초록빛에 물들다

어렵사리 도착한 마을은 생각했던 것보다 아담한 규모다. 요란하게 장식된 69빌리지의 차량 옆에 나란히 내 차를 세워두고 마을의 입구에 들어서니 오른쪽에 숙소 리셉션을 겸한 오두막이 있다. 한낮에 한차례 퍼부은 소나기 탓에 한껏 물기를 머금은 나무와 풀 냄새, 흙냄새가 좋다.

삐걱거리는 나무문을 열고 들어서니 너무 근사하고 아늑한 공간이 나타난다. 사진으로 보던 것보다 꽤 넓다. 은은한 나무색이 주가 되는 따뜻한 느낌 속으로 바깥의 나뭇가지 들이 파고들어 초록빛이 더해진다. 상상했던 것보다 훨씬 신선한 느낌이다.

침 대 위 의 초 콜 릿

감동에 이어 섬뜩한 기운이 밀려온다. 아늑하게만 보이는 지붕 사이사이에 손가락 두 마디 정도나 되는 벌레들이 자리를 잡고 있는 게 보인다. 다행히 여섯 개나 되는 다리를 재빠르게 움직이며 기어 다니지는 않고 얼어붙은 듯 미동도 하지 않고 제자리를 지키고 있지만, 내 몸엔 이미 솜털까지도 빳빳하게 일어난다.

그 길로 냅다 달려 리셉션이 있는 오두막으로 향한다. 방에 벌레가 있는데 괜찮은 거냐며 "설마 침대에 떨어지거나 그런 일이 일어나진 않겠지?"라고 물었더니, 오늘 아침에 체크아웃을 한 투숙객 일행이 침대 위에서 초콜릿을 발견하고 집어들었는데 그게 벌레였다며 한바탕 웃었다는 얘기를 한다. 사색이 되어 벌벌 떨고 있는 내 귀에 들려오는 다음 이야기.

"무시토 야모리모 잇쇼니(むしとやもりも一緒に, 벌레와 도마뱀도 함께!)"

아, 난 오늘 여기서 죽을 지도 모르겠다.

내 상태가 심상찮음을 알아차린 스태프는 나를 데리고 오두막의 테라스로 나간다. 벌레도 도마뱀도 잊을 수 있는 전망이라며 나를 세운 곳에서 먼 곳까지 바라보고 있으니 이곳은 정말 깊은 산속이다.

벌레를 귀엽다고 말하는 키 크고 예쁘장한 스태프는 오늘은 날씨가 흐려서 별이 보이진 않겠지만, 매일 밤 여기에서 별을 바라보고 있으면 모든 슬픔도 아픔도 잊게 된다며 먼 하늘을 쳐다본다.

그 옆에 서서 나는 마지막이 될지도 모를 오늘밤을 걱정한다.

바다와 하늘, 그리고 아와모리

저녁을 먹고 순식간에 샤워를 끝내고, 내가 갈 곳은 단 한 군데, 리조트의 바(bar)다. 바의 영업이 끝날 때까지 그곳에서 아와모리(あわもり, 오키나와 소주)를 마시며 얼큰하게 취기가 오르기라도 한다면, 벌레와 도마뱀이 함께하는 나의 방이 아늑하고 포근하게 느껴질지도 모르겠다.

머리도 제대로 말리지 못하고 물기가 뚝뚝 떨어지는 채 수건을 감고 들어선 바에는 일곱 명의 투숙객들이 자리를 잡고 앉아 있다. 밥상에서 못다 한 이야기가 술상에서 이어지는 모양새이다.

종류가 너무 많아 고르기도 힘든 아와모리 가운데 '우미토소라(海と空, 바다와 하늘)'는 알싸하고 깔끔한 맛이 인상적이라 내리 세 잔을 마셔버릴 정도로 반해버린 술이다. 설명에 의하면 타카하시 아유무가 가장 좋아하는 아와모리가 바로 이것이며, 심지어 자식들의 이름을 우미와 소라로 지었단다. 아와모리에서 아들, 딸의 이름을 따다니 하여간 독특한 사람이다.

산호 조각을 품은 자연 밥상

빌리지에서 가장 인상 깊었던 것은 밥상이다. 리셉션을 겸한 오두막에 차려진 밥상은 대단히 특별했다. 어딜 가나 개별 상을 내어놓는 일본에서 다 같이 둘러앉아 덜어 먹는 밥상을 만나니 그것만으로도 신기한데, 69빌리지에서 재배한 것들로 만든 유기농 밥상이기까지 하다. 밥통, 국 냄비, 물병 등 하나씩을 맡아 들고 앉아 모두의 밥그릇, 국그릇, 물 컵을 채워주며 정을 나눈다.

오키나와 바닷가에 널려 있는 산호 조각이 하시오키(はしおき, 젓가락받침)가 된 밥상은 너무 근사하다. 밥상에 올릴 채소들을 키우고 음식을 만든 스태프의 손길, 서로의 음식을 챙기는 투숙객의 손길, 그리고 맛있는 음식을 덜어 먹느라 바빠진 손길에 이르기까지 이 근사한 밥상 위를 지나는 손길들은 하나같이 따뜻하기만 하다. 식사가 끝나도 누구 하나 바로 일어서는 이가 없다. 모양은 볼품없어도 새콤한 맛은 기가 막히는 미캉(みかん, 귤)을 까먹느라 손가락 끝이 노랗게 되는 것도 모르고 이야기를 나눈다.

쓰키지 시장에서보다 더 맛있었던
달짝지근한 맛의 계란말이

모험과도 같은 하루, 이제 안녕

오두막의 테라스 아래로 아담한 텃밭이 보인다. 파랗게 맺힌 토마토가 빨갛게 익는 날에는 어떤 메뉴가 되어 밥상에 오를지 궁금하다. 빌리지의 스태프들은 모두들 자연을 사랑하고, 작은 씨앗 하나도 소중히 여길 줄 아는 젊은이들이다. 체크아웃을 하는 동안 그저께 심은 씨앗에서 새싹이 돋아났다며 자랑하는 순수한 모습이 너무 예쁘다.
자연 속에서 자연과 함께 살아가는 독특하고 황당한 리조트. 다시 찾기 위해서는 또 한 번 용기를 내야겠지만, 그럼에도 불구하고 꼭 다시 찾고 싶은 곳이다. 내내 도도하게 튕기면서 얼굴 한번 제대로 보여주지 않던 고양이 히메짱이 어쩐 일로 배웅이라도 하려는지 앞서 간다.

오키나와 도자기의 진가를 볼 수 있는 마을
요미탄 야치문노사토 讀谷 やちむん里

근사한 조명 아래 화려하게 포장된 도자기가 아니라 생활이 엿보이는 소박한 도자기들을 만날 수 있는 도자기 마을이다. 먼지가 쌓인 컴컴한 전시실에는 사람조차 없는 경우도 많지만, 작업장에서는 끊임없이 무언가를 만들어내고 있는 소리가 들려온다. 오래된 가마와 20여 개의 공방, 카페 등이 어우러진 작은 마을은 들여다볼수록 정이 간다.

location & approach 요미탄 야치문노사토는 오키나와 혼도(本島) 중서부에 위치한 곳으로 나하에서 자동차로 1시간 정도 소요된다.
local traffic 마을 입구에 차를 세워두고 도보로 이동하여 돌아보기에 무리가 없을 정도로 작은 마을이다.
key word 오키나와 도자기
taste 도자기를 좋아하며, 적당한 가격대로 몇 가지 정도는 꼭 골라오고 싶은 그대들
the others 마을 안에는 카페와 식당을 함께 운영하고 있는 공방도 더러 있다. 어디서나 마을 공방에서 만들어진 도자기에 음식이 담겨져 나오니 기분이 좋다.

요미탄의 야치문

오키나와를 상징하는 것은 참으로 많다. 그 가운데 빠지지 않는 것이 야치문(やちむん, 도자기를 뜻하는 오키나와 방언)이다. 나하 시내에도 쓰보야 야치문도리(壺屋やちむん通り)라는 도자기 거리가 있지만, 언젠가 일본 잡지에서 보았던 요미탄의 야치문노사토(やちむん里)가 훨씬 마음에 든다.

마을 입구에서 첫 번째로 만날 수 있는 공방은 도자기가 아닌 유리공예가 가득한 곳이다. 유리를 세공하고 있는 모습을 언제든지 볼 수 있도록 개방된 작업실을 지나 작품이 전시된 공간으로 들어간다. 근사해 보이는 작품들에는 대단히 높은 가격이 매겨져 있고, 더러는 아예 판매조차 하지 않는 작품도 있다. 가격대를 생각할 때 조심스레 모셔놓아야 할 만한 작품들이 많고, 유리의 질감과 어우러진 색이 시원한 컵도 하나에 4,000엔이 훌쩍 넘는다. 공방 안 여기저기에서 속삭이듯 터져나오는 비명이 끊이질 않는다.

"타카이(高い)~ 타카이~."

유리 공방 입구의 재미난 작품

장인의 작품을 느끼다

마을에는 20개 정도의 공방이 모여 있다. 지금은 고인이 된 어느 장인(1972년 인간국보로 지정)이 자리를 잡은 것을 시작으로 공방이 하나둘 모여들면서 지금의 마을을 형성한 것이라고 하는데, 그래서인지 판매를 위한 전시공간이라는 느낌이 들지 않아서 좋다.

마을의 공방들은 모두 작업실과 전시실이 나뉘어 있는데, 이상하게도 전시실에 인기척이 거의 없다. 먼지가 뽀얗게 앉은 도자기들만이 덩그렇게 자리를 지키고 있을 뿐, 조명도 없는 허술한 공간에 방치된 듯하다. 하지만 모든 작품은 하나하나 장인의 손을 거쳐 완성되고, 마지막 선별 과정까지 통과한 것들이다. 컴컴한 조명과 먼지 속에서도 빛나는 작품의 가치를 발견한 사람만이 이들의 주인이 될 수 있다. 요미탄의 야치문노사토 도자기들은 이런 모습으로 제대로 된 임자를 기다리고 있는 것 같다.

오키나와 어디를 가나 쉽게 눈에 띄는 시새(シーサー. 인도, 중국 등에서 전해진 사자를 모티프로 한 수호신)

일본의 작은 마을_

아카모노는 비싸다

마을의 공방을 돌아다니다 보면 파란빛과 노란빛의 물고기 무늬를 많이 볼 수 있는데, 컵에도 접시에도 커다랗고 생동감 있는 물고기가 한두 마리씩 자리를 잡고 있다. 편안한 느낌을 주는 은은한 색감은 소박하게 진열된 이 마을의 도자기에 더없이 어울려 볼수록 정이 간다.

이런 가운데 붉은색을 띤 도자기는 고유의 강렬한 느낌보다 훨씬 신선하게 다가온다. 차별된 이 붉은 도자기는 가격도 더 비싸다. '아카모노(赤物, 붉은 것)가 비싸다'는 인식은 오키나와 도자기 마니아들 사이에는 공공연한 법칙 같은 것이다. 색을 입히고 처리하는 과정이 더 복잡하며 재료비도 더 많이 든다고 하는데, 그런 것을 잘 몰라도 아카모노가 가지는 희소성의 가치만으로도 웃돈을 주고 살 만하다.

작가의 이름을 내걸고, 작품 하나하나에 낙관을 찍어놓은 고급 도자기를 그럴듯하게 전시해놓은 갤러리도 있고 강렬한 색을 가진 대단한 도자기도 많지만, 역시 눈에 띄는 것은 일본인의 밥상에 빠지지 않고 오르내리는 자그마한 도자기다.

숲 속으로 이어지는 오솔길을 따라 들어간 공방, 널어놓은 빨래와 널브러진 빨랫감, 작은 재떨이에 미어터질 듯 박혀 있는 담배꽁초들이 가득한 공방의 마당에도 쏟아부어 놓은 듯 도자기가 한가득 자리를 잡고 있다. 되는 대로 쌓아놓고 늘어놓은 것들이지만 어느 것 하나 완벽하게 똑같은 것은 없다.

아직 색도 제대로 입혀지지 않은 미완의 새하얀 그릇들이 가득한 마당 한구석, 그 앞에 쭈그리고 앉아서 내 눈에 쏙 들어오는 내 것을 골라 담는 것이 이 마을에서 누릴 수 있는 진정한 재미가 아닐까 싶다.

오키나와 도자기 특유의 색감과 무늬를 가진 적당한 가격의 생활자기들도 많고, 의외의 디자인으로 신선함을 주는 도자기들도 있고, 가격도 적당한 것들이 많아서 마음먹고 고른다면 맘에 드는 것들을 꽤 여럿 골라올 수 있는 곳이다. 오키나와만 여행할 계획이라면 이곳에서 오키나와 도자기를 사는 것도 좋을 것이다. 아쉬운 맘에 사진으로 담아온 도자기들을 들여다보며 다음번엔 오키나와만 들러야겠다고 다짐한다.

일본의 작은 마을 _

조용하게 전통을 이어가는 소박한 섬마을
쿠다카지마 久高島

오키나와 혼토와 가까운 작은 섬이기에 무작정 들어간 쿠다카지마에서 생각지도 못한 오키나와의 오래된 전통을 엿본다. 단단하게 이어 올린 붉은 기와지붕과 그 중심에 자리를 잡은 시사, 창이며 문이며 할 것 없이 온통 바람이 술술 드나들게 막힘이 없도록 열어놓은 오래된 민가는 그대로 문화재가 되어도 좋을 기세이다.

밖에서 안이 훤히 들여다보이는 것을 막으려 세워둔 힌푼(ヒンプン)마저도 실은 완벽한 개방을 위한 도구이다. 소박한 섬마을의 생활과 함께 어우러진 오키나와의 오랜 풍경이다.

location & approach 오키나와 혼토의 남서쪽 해안에 위치한 아자마 항에서 배를 타면 고속선(왕복 1,410엔)으로 15분, 일반 페리(왕복 1,240엔)로 20분이면 도착할 수 있다.
아자마항 안내소(☎ 0980-948-7785), 쿠다카지마 안내소(☎ 0980-948-2873)
local traffic 섬을 완주하려면 자전거를 빌리는 것이 좋다. 마을로 들어서는 초입에 자전거를 빌려주는 가게가 있다.
key word 소박하고 한적한 섬, 오키나와 전통 가옥
taste 관광지로 개발된 요란한 민속촌이 아닌 조용한 섬의 오래된 골목에서 오래된 민가를 보고 싶은 그대들
the others 쿠다카지마는 오키나와에서 최초로 신이 내려온 섬으로 알려져 있다. 섬의 곳곳에 얽힌 전설이 많으며, 신성시되어 남자의 출입이 통제되는 구역도 있다.
lodges information 작은 섬치고는 숙박시설이 꽤 여럿이다. 새로 지어진 집들 중 상당수는 야도(やど, 宿, 숙박시설의 통칭)로 운영되고 있다. 큰 짐은 오키나와 혼토에 두고 하룻밤 짐만 간단히 챙겨와 하루를 머물러도 좋을 곳이다. 이 중 쿠다카지마 슈쿠바쿠교류칸(宿泊交流館, 숙박교류관, ☎ 0988-35-8919)이라 부르는 학교처럼 생긴 건물이 있는데, 섬의 활성화를 위해 계획된 곳으로 1박 3,000엔의 저렴한 가격으로 운영하고 있다.

오래된 집

쿠다카지마는 한겨울에도 20°를 웃도는 아열대기후에 속하기에 집 또한 더위에 대비하기 위한 형식이 두드러진다. 창은 거의 막힘이 없고 기둥만 있는 형식이라 창인지 문인지 구분하기 힘들 정도이며, 집 전체가 대단히 개방적인 구조를 취하고 있다.

제주도와 비슷한 점이 많은 오키나와도 바닷바람이 강하게 불기 때문에 암수 기와를 단단히 엮은 붉은 지붕을 올려놓고 있다. 그리고 그 지붕에는 시사가 앉아 있다. 시사는 원래 왕궁이나 성, 사원, 마을의 입구 등에 세워지던 것이나 오키나와에서는 생활 깊숙한 곳까지 흡수되어 민가의 지붕이나 담 등에도 흔히 올려놓고 있기에 오키나와를 상징하는 캐릭터가 된 것이다.

재미있는 것은 입을 벌리고 있는 시사는 수컷, 다물고 있는 것은 암컷이다. 미로 같은 골목의 교차로에 널찍하게 자리를 잡은 민가는 문화재라고 해도 좋을 정도다.

조개와 산호 조각으로 만든 하얀색 시사

쿠다카지마에 가득한 오키나와 전통 가옥에서 가장 독특해 보이는 구조는 정면의 벽이다. 완전히 개방된 대문의 바로 안쪽에는 담과 같은 높이의 벽이 세워져 있는데, 이 구조물을 '힌푼'이라고 부른다. 힌푼은 안이 훤히 들여다보이지 않게끔 사생활을 보호하기 위해서기도 하고, 바람을 막기 위해서기도 하단다.

힌푼을 두어 집 안의 생활을 교묘하게 감추고 있지만, 이 역시 어느 곳 하나 막힘없이 완벽하게 개방된 구조를 유지하기 위한 방법인 것이다. 대부분 담과 같이 밋밋한 벽을 세워두었지만 더러는 조금씩 변형된 모습으로 화단을 꾸며두기도 하고, 키가 큰 나무를 심어두기도 한다.

쿠다카지마의 골목을 한 바퀴 돌고나니, 바다와 바람을 향해 한껏 열려 있는 오키나와의 오래된 집의 붉은 기와지붕과 그 위에 앉은 시사가 이제는 퍽 익숙하다.

오래된 골목

쿠다카지마는 오키나와 개벽신화에 등장하는 부부 신이 처음으로 발을 디딘 곳으로 알려진 '신의 섬'이기도 하다.
짙푸른 잎사귀가 풍성한 오래된 나무와 돌담이 어우러져 조화를 이룬 골목은 미로 같기도 하다. 지도를 봐도 섬의 규모를 생각해도 그다지 복잡할 것 같지 않은 이 골목은 의외로 꼬이고 꼬인 듯 느껴진다. 민가와 식당, 우체국, 학교 등은 모두 항구 주변에 몰려 있다. 마을 주민은 대부분 항구 주변에 모여 생활한다. 그래서 항구 바로 앞 골목은 꽤 복잡하다. 오키나와 전통 가옥의 형식을 그대로 보여주는 오래된 집들과 오래된 담, 오래된 나무, 오래된 돌이 함께하는 조용한 골목을 따라 걸어 다니는 것은 쿠다카지마에서 할 수 있는 최고로 근사한 액티버티다.

쿠다카지마 남쪽 해안
피자하마의 모래사장

섬의 바다

섬의 골목에 들어서면 이곳이 섬이라는 사실을 잠시 잊는다. 그러나 섬의 가장자리를 따라 걸을 때면 끝도 없이 고요한 바다가 두 눈 가득 들어온다. 섬의 북쪽 해안에 있는 이시키하마(イシキ浜)와 남쪽 해안의 피자하마(ピザ浜)에는 희한한 모양으로 침식이 일어난 바위와 갯벌이 있다. 멀리 나간 배를 보고 무어라 애기를 나누기도 하고, 낯선 여행자인 내게 큰 소리로 말을 붙이는 할머니들에게 그곳은 일터다. 챙이 넓은 모자에 수건까지 늘어뜨리고도 새까맣게 그을린 얼굴은 섬 마을에서 오래도록 살아온 흔적이며 증거다.

섬 자체가 휴식과도 같은 곳

섬을 찾는 이들은 대부분 요란한 관광지보다는 조용하고 한적한 곳을 좋아하는 사람들이다. 오키나와 전통 가옥이 옛 모습 그대로 잘 간직되어 있으며, 지금도 섬사람들이 생활하고 있는 민가이기에 섬을 찾는 여행자가 끊이지는 않는다.

많은 관광객이 모이는 곳은 아닐지라도 관광객을 상대로 하는 식당들이 있는데, 대부분 항구 주변에 자리 잡고 있다. 점심 시간이 되어 들어간 곳에서 모즈쿠(もずく, 큰실말, 미끌미끌하고 탱글탱글한 질감의 가느다란 해초) 텐푸라를 올린 오키나와 소바 한 그릇을 주문한다.

모즈쿠 덴푸라와
낡은 플라스틱 용기에 담긴
젠자이

섬의 남쪽 해변을 조금 둘러보고 젠자이(ぜんざい, 단팥죽)를 파는 곳에서도 쉬기로 한다. 젠자이는 혼슈에서도 많이 먹지만 오키나와 젠자이는 조금 다르다. 오키나와 젠자이의 가장 두드러지는 특징은 팥의 크기가 혼슈의 것보다 크다는 것이다. 팥빙수처럼 갈아놓은 얼음도 곁들여 먹는데 꼭 얼음과 함께 먹는 것은 아니다.

마을의 곳곳에 배를 깔고 엎드려 게으름을 피우는 고양이에게서 느껴지는 여유가 섬에 가득하다. 뱀을 주의하라는 표지판에 흠칫 놀랄 때도 있지만, 섬을 걸어 다니는 내내 여유로운 마음이 된다.

고래와 바다거북, 그리고 다이버의 천국
자마미지마 座間味島와 아카지마 阿嘉島

자마미지마와 아카지마는 다이버들에게 천국과 같은 곳으로 변변한 식당은 없어도 다이빙 숍은 수십 곳이나 있다. 매년 시즌이면 수많은 다이버들이 이 작은 섬에 모여들어 제대로 된 숙소도 없이 끼니도 대충 해결하고 몇 달 동안 머물며 오로지 바닷속으로 뛰어들기만 한다. 이 섬들의 바다는 굳이 다이버가 아니더라도 충분히 그럴 만한 가치가 있다.

location & approach 자마미지마와 아카지마는 오키나와 혼토 나하에서 서쪽으로 1시간 거리에 위치한 군도에 속한 섬으로 섬을 제대로 둘러보려면 두 섬 가운데 어느 곳이라도 좋으니 하룻밤 묵어가는 것이 좋다.

local traffic 자마미지마와 아카지마만을 오가는 작은 배는 꽤 자주 있는 편이다. 항구의 티켓 부스나 관광안내소에서 시간표를 확인할 수 있다.

key word 다이빙, 스노클링, 고래, 카약 등 다양한 액티버티를 즐길 수 있는 섬마을

taste 오키나와 혼토에서 그리 멀지 않은 곳에서 다이빙을 즐기고 싶다면 이만 한 곳이 없다. 다이버들이라면 100% 반할 만한 섬이며 다이버가 아니더라도 충분히 아름다운 섬이다.

the others 9월 중순부터 11월까지의 가을밤에는 바다거북을 볼 수도 있다.

lodges information 자마미지마와 아카지마 숙박 정보 : www.e-zamami.com/stay

다이버들의 보물섬, 자마미지마

자마미지마에는 다이빙 말고도 고래를 직접 볼 수 있는 'whale watching tour' 가 있다. 12월부터 4월까지 고래를 볼 수 있는 보트 투어 프로그램인데 겨울에는 거의 매일 고래를 볼 수 있다고 한다.

항구의 둑은 물론이고 집 담장, 나무 장식 등에는 섬을 상징하고 고래나 바다를 표현한 예쁜 그림들로 가득하다. 이곳을 다녀갔다면 마음속에 두고두고 생각나는 것이 이 그림들이다.

자마미지마 앞바다는 대단히 맑을뿐더러 바닷속 산호초 군락 덕분에 그 색이 오묘하고 아름답기로 유명하다. 그래서 그런지 마을 안으로 들어서면 온통 다이빙 숍이다. 여름이면 섬의 싸구려 숙소에서 한 달이고 두 달이고 머물면서 다이빙을 즐기는 다이버들이 모여들어 다이버 세상이 된다.

자마미지마에는

담벼락, 항구 둑, 나무장식에도

고래와 바다가 가득하다.

관광안내소부터 안으로 이어지는 골목을 따라 들어가면 민슈쿠와 다이빙 숍들을 지나 정면에 말끔한 학교가 보인다. 학교로 가는 골목에서 보자면 마을의 좌우를 가로지르는 도랑이 있는데, 도랑의 이쪽과 저쪽을 잇는 다리들도 하나같이 다 예쁘다. 근사한 불도그 두 마리가 떡 하니 입구를 지키는 카페도 있고, 카약을 대여해주는 곳도 눈에 띈다. 발걸음도 가볍게 좌우를 두리번거리며 걷는 재미가 있는 곳이다.

학교로 가는 길의 민가, 그 담장에도 어김없이 시사가 세워져 있다. 학교 미술시간에 다함께 만들기라도 한 것 같다.

일본의 작은 마을 학교가 대부분 그러하듯 이곳도 소학교와 중학교가 함께 있다. 화사한 넝쿨 꽃이 타고 올라가는 교문 바로 안쪽에는 커다랗게 잘생긴 나무 한 그루가 떡하니 서 있다. 이 또한 오키나와 전통 가옥 형태인 힌푼의 변형된 모습이 아닌가 싶다.

은근히 다채롭고 흥미로운 골목길

언제나 반가운 작은 마을의 아담한 학교

과거로 떠나는 여행, 아카지마

나하에서 오가는 배도 아카지마에 정박하지만 그 배는 하루에 몇 편밖에 없고, 자마미지마와 아카지마를 오가는 배를 이용해 아카지마에 가는 것이 편하다. 다만 이 배는 아주 작아 살짝 겁이 난다. 하지만 배를 움직이는 아저씨의 듬직한 인상과 노련한 손놀림에 한시름을 놓을 수 있다.

가벼운 맘으로 들어선 아카지마의 골목엔 노란색 길이 있다. 그 길 위로 파란색 문 같은 것이 보이는 가운데 유난히 눈에 띄는 것이 빨간색 코카콜라 자판기다.

▲ 하늘색 문과 대조되는 빨간색 자판기
▶ 옛 시골학교의 모습이 연상되는 아카지마의 작은 학교

다이버들이 몰리는 시즌이 아닌 때는 아카지마의 식당들은 대개 문을 열지 않는다. 몇 개 되지도 않는 식당들이 문을 열지 않으니 여행자에겐 고된 여행길이 될 수 있지만 나름의 특색이라고 생각하면 또한 볼거리다.

영업을 하고 있는 식당을 겨우 발견하고는 반가운 맘에 계단을 한걸음에 올라갔다. 식당 안은 좁은 데다가 너무 컴컴해서 바다가 보이는 테라스에 자리를 잡는다. 아주 작은 테이블에 더 작은 의자다. 소꿉놀이 하는 기분으로 앉아 고야찬푸루(ゴヤチャンブル) 세트를 주문한다.

고야는 울퉁불퉁한 오이처럼 생긴 채소로 사전에서는 찾아지지 않는 단어다. 오키나와 방언이기 때문이다. 오키나와 방언이 아닌 말로는 니가우리(にがうり, 苦瓜)라고 한다. 한자를 보면 '쓴 호박'이다. 이름에서 알 수 있듯이 고야는 쓴맛이 강한 박과의 채소다. 우리나라에서도 '쓴 오이'라 불리며 수출용 재배가 이루어진다는데, 시중에 판매되고 있는 것은 보지 못했다.

고야찬푸루는 오키나와에서 꼭 먹어봐야 할 필수 요리로 일반 가정에서 흔히 해먹는 음식이다. 고야와 숙주나물, 스팸을 주재료로 기호에 따라 여러 가지 채소를 곁들여 넣고 볶은 것으로 '찬푸루'는 '섞는다'는 의미가 있다. 씁싸래한 고야와 짭짤한 스팸의 맛이 어우러지는 가운데, 고야와 숙주나물의 아삭한 질감과 스팸의 부드러운 질감의 어울림 또한 기가 막히다. 고야는 여름이 제철이다.

오키나와 사람들에게 고야는 영양식으로 인기가 높다. 여름철 건강을 위해 자주 먹는 음식이 고야이며, 그중에서도 고야의 쓴맛이 가장 잘 어우러지는 고야찬푸루를 특히 많이 먹는다.

항구에서 30분 정도 걸으면 북쪽의 니시하마(ニシハマ) 해변에 도착할 수 있다. 큰 길을 따라 오르막을 오르다 보면 섬의 항구 주변이 한눈에 들어온다. 다시 좁은 길을 산책하듯 걸으면 니시하마 해변을 만날 수 있다. 마침 해변에는 강풍과 파도가 인간에게 길들여지지 않은 자연의 모습을 하고 있다. 몸을 가누기 힘들 정도로 강하게 부는 바람에 맞서 아카지마의 추억을 바다에 새겨본다.

깨끗한 바다에서 불어오는 깨끗한 바람이 가득한 섬
세소코지마 瀬底島

섬으로 들어가는 길은 완만한 아치형을 이루는 다리를 지나 쭉 뻗은 근사한 드라이브 코스로 시작한다. 유난히 맑고 투명한 옅은 물빛을 가진 세소코비치(瀬底ビーチ)에 들어서니 가슴이 뛴다. 이 바다에서부터 불어오는 바람을 섬의 곳곳에서 느낄 수 있다. 아닌 게 아니라 이 섬에는 '바람'의 이름을 딴 카페도 더러 보인다. 깨끗한 바다에서 불어오는 깨끗한 바람이 가득한 섬의 카페에서 바닷내 가득한 맛있는 점심을 먹으며 작은 섬의 정취를 한껏 느껴본다.

location & approach 오키나와 북서쪽에 위치한 작은 섬으로 모토부초(本部町)를 동서로 가로지르는 84번 도로의 서쪽 끝과 만나는 449번 도로에서 혼토와 세소코지마를 잇는 세소코오하시(瀬底大橋)를 건너면 쉽게 들어갈 수 있다. 섬에 들어서기도 전에 탁 트인 대교의 전망만으로도 충분히 근사하다.
local traffic 섬 안으로 들어오는 버스들이 있기도 하지만 자주 운행되는 것이 아닌지라 오키나와에서 대중교통을 이용하기란 쉽지 않다.
key word 섬, 바람, 카페, 물빛이 아름다운 바다
taste 환상적인 빛깔의 바다에서 불어오는 시원한 바람을 맞을 수 있는 카페에서 여유를 부리고 싶은 그대들
the others 우미부도돈을 맛볼 수 있는 푸 카페(Fuu cafe, ☎ 0980-47-4885)는 매주 목요일이 정기 휴일이다.
lodges information 섬의 남쪽에는 객실이 4개뿐인 작고 예쁜 호텔이 있다. '포 룸(FOUR ROOMS)'이라는 이름을 가진 이 호텔에는 테라스 자쿠지와 해먹 등이 있어 조용하게 한껏 여유를 부릴 수 있다. 성수기에는 예약이 빨리 마감되니 서두르는 것이 좋다. ☎ 0980-47-3404, 1박 2식 13,650엔.

세소코지마로 가는 첫 관문 세소코오하시

탱글탱글 바다의 포도, 우미부도

해변 가까운 곳에 바람이라 불리는 '후 카페(Fuu cafe)'가 있다. 일본에는 유난히 '후(風, 바람)'라는 이름을 가진 카페가 많다. 카페에 들어서니 꽤 너른 앞뜰이 있다. 조금 이르긴 하지만 점심을 먹기로 하고 메뉴를 보니 우미부도돈(海ぶどう丼)이 있다. 아직 구경도 못한 우미부도를 맛볼 수 있다니 반가운 마음에 더 볼 것도 없이 그것으로 결정이다. 탱글탱글한 알갱이가 가득 달려 특이하게 생긴 우미부도는 '바다포도'라는 이름이 잘 어울린다. 투명한 알갱이를 씹어 터뜨리면 찝찔한 바다가 그대로 느껴진다. 재미도 있고 맛도 있고, 오키나와 사람들이 즐겨먹는 여느 해조류와 마찬가지로 미네랄이 풍부하다니 몸에도 좋다. 톡톡 터지는 알갱이와 예쁜 빛깔 때문인지 '그린 캐비어'라는 애칭으로 불리기도 한단다.

우미부도의 독특한 식감과 맛, 이에 어우러지는 부드러운 돼지고기의 달짝지근한 양념이 밴 덮밥은 썩 괜찮은 맛이다. 아침을 먹고 돌아서서 먹은 점심인데도 숟가락이 바삐 움직이는 것을 보니 맛이 있긴 있나 보다 싶은 생각에 잘 먹다 말고 웃음이 터져나오기도 한다. 못 먹어보고 떠났으면 후회할 뻔했다.

세소코지마의 바다

세소코지마의 세소코비치는 오키나와에서도 특별히 물이 맑기도 유명한 곳이다. 세소코지마로 들어가는 대교를 건너 곧장 섬의 끝자락으로 달리면 세소코비치 앞에 이를 수 있는데, 입구에 차를 세워두고 걸어 들어가면 된다.

마음먹고 해변을 걸어볼 심산으로 신발도 갈아 신고 선크림도 바른다. 바람이 불어오는 방향에서 파도 소리가 들린다. 그곳으로 걸어간다. 마침 즐거운 한때를 보낸 듯 얼굴 한 가득 미소를 머금은 한 가족이 해변에서 올라오는 것이 보인다. 나와 인사를 나누며, 물빛이 정말 근사하다며 저마다의 감상을 말하는 목소리가 꽤 격앙되어 있다. 덩달아 홍분한 내 발걸음이 빨라져 슬리퍼가 벗겨지기도 한다.

그렇게 달려간 바다는 환상적이다. 옅은 에메랄드빛이 저 멀리까지 이어진 것을 보니 수심이 얕아 아이들도 맘 놓고 놀 수 있을 법하다. 산호가루로 이루어진 해변이라 맨발로 걸어 다녀도 덜 묻어나고, 또 금방 쉽게 털어낼 수 있는 것도 좋다.

오키나와의 추억, 산호조각

잘게 부서진 산호가루 사이로 하얗게 두드러지는 산호조각은 바닷물에 잘 다듬어져 동글동글 감촉이 너무 좋다. 비치 로쿠 빌리지의 밥상에서 본 산호 젓가락받침을 떠올리며 맘에 드는 것들을 골라 담기 시작한다. 예쁘고 작은 유리병에 담아두기만 해도 좋을 것 같고, 아카지마에서 그랬던 것처럼 산호조각을 이어 붙여 무언가를 그려봐도 좋을 것 같고, 욕실 세면대에 오키나와 해변의 분위기를 옮겨놓을 수도 있을 것 같다. 비닐봉지에 한가득 담고 나니 마음은 벌써 오키나와를 추억하고 있는 것 같다.

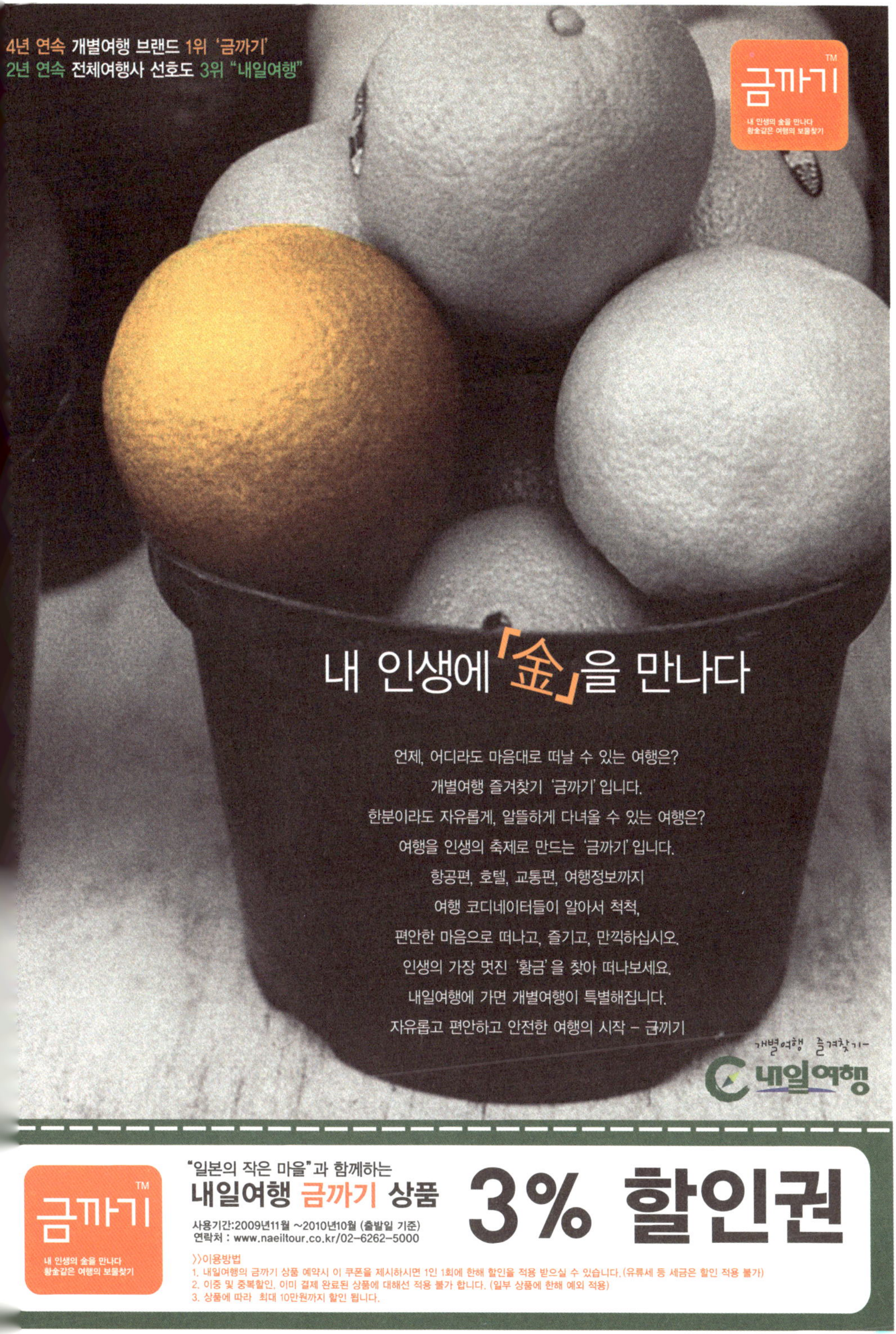

4년 연속 개별여행 브랜드 1위 '금까기'
2년 연속 전체여행사 선호도 3위 "내일여행"
금까기™
내 인생의 金을 만나다
황金같은 여행의 보물찾기
내 인생에「金」을 만나다
언제, 어디라도 마음대로 떠날 수 있는 여행은?
개별여행 즐겨찾기 '금까기' 입니다.
한분이라도 자유롭게, 알뜰하게 다녀올 수 있는 여행은?
여행을 인생의 축제로 만드는 '금까기' 입니다.
항공편, 호텔, 교통편, 여행정보까지
여행 코디네이터들이 알아서 척척,
편안한 마음으로 떠나고, 즐기고, 만끽하십시오.
인생의 가장 멋진 '황금'을 찾아 떠나보세요.
내일여행에 가면 개별여행이 특별해집니다.
자유롭고 편안하고 안전한 여행의 시작 - 금까기
개별여행 즐겨찾기-
내일여행
금까기™
내 인생의 金을 만나다
황金같은 여행의 보물찾기
"일본의 작은 마을"과 함께하는
내일여행 금까기 상품
3% 할인권
사용기간:2009년11월 ~2010년10월 (출발일 기준)
연락처 : www.naeiltour.co.kr/02-6262-5000
>>이용방법
1. 내일여행의 금까기 상품 예약시 이 쿠폰을 제시하시면 1인 1회에 한해 할인을 적용 받으실 수 있습니다.(유류세 등 세금은 할인 적용 불가)
2. 이중 및 중복할인, 이미 결제 완료된 상품에 대해선 적용 불가 합니다. (일부 상품에 한해 예외 적용)
3. 상품에 따라 최대 10만원까지 할인 됩니다.

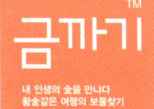

앙증맞고 소소한 공간, 여유롭고 평화로운 풍경
일본의 작은 마을

펴낸날	초판 1쇄 2009년 11월 16일
	초판 5쇄 2011년 1월 28일

지은이　서순정
펴낸이　심만수
펴낸곳　(주)살림출판사
출판등록　1989년 11월 1일 제9-210호

경기도 파주시 교하읍 문발리 파주출판도시 522-1
전화 031)955-1350　　팩스 031)955-1355
기획·편집 031)955-4671
http://www.sallimbooks.com
book@sallimbooks.com

ISBN 978-89-522-1271-9　13980

※ 값은 뒤표지에 있습니다.
※ 잘못 만들어진 책은 구입하신 서점에서 바꾸어 드립니다.